AF383614

LA FEMME D'AUJOURD'HUI

a

DU MÊME AUTEUR

MICHEL PROVINS

La Femme d'aujourd'hui

PARIS

VICTOR-HAVARD, ÉDITEUR

168, Boulevard Saint-Germain, 168

1895

Tous droits réservés.

LA FEMME D'AUJOURD'HUI

I

Si parfois nous restons déconcertés devant les mystérieuses contradictions de l'âme féminine, s'il s'en dégage, à l'analyse, l'impression de quelque chose d'inachevé, cela vient de ce que la femme a été faite trop vite.

Adam, qu'on s'en souvienne, s'ennuyait fort dans le Paradis et s'impatientait de ne pas trouver à qui causer des multiples et troublantes sensations que le monde nouveau lui faisait éprouver; le bon Dieu, très pressé de le satisfaire, n'ayant sous la main que bien peu de matériaux — une côte! — improvisa cette créature sublime, mais incomplète, qui a tous les charmes d'une inspiration céleste, mais aussi toutes les imperfections d'une œuvre hâtivement conçue.

Enfin, n'oublions pas qu'elle fut le résultat d'un travail de nuit : empreint, par conséquent, de plus de nervosisme, mais susceptible, par là même, d'une production plus finement poétique.

De cette origine viennent ses défauts et ses vertus, ses passions extrêmes comme ses minutieuses futilités, ses héroïsmes et ses inconséquences, ses aspirations vers le plus pur idéal, à côté des préoccupations très matérielles que lui cause le souci de sa beauté, de sa grâce et de sa puissance.

Il ne faut donc pas, quand cela arrive, la rendre trop responsable du mal qu'elle fait. Ce qu'elle a de bon est bien à elle; ce qu'elle a de mauvais tient plutôt à ce que j'appellerai : un vice de construction.

Comme devant certains édifices aux proportions presque chimériques, aux sculptures de dentelle, à l'architecture bizarre et saisissante, on se demande : est-ce bien solide?

Eh bien! non, ce n'est pas toujours très solide; mais n'exigeons pas de l'être créé pour nous charmer autre chose que le sourire, le baiser, — et les larmes aussi, quand elles doivent être au cœur plus douces que les caresses.

Ce je ne sais quoi de malfaçon initiale une fois admis, toute la psychologie féminine devient infiniment plus facile, et Chamfort me paraît se tromper, lorsqu'il dit : « Il faut aimer les femmes ou les connaître. »

C'est à coup sûr un paradoxe spirituel, mais, de sa part, plus prétentieux que convaincu, surtout lorsqu'il ajoute : « Je n'ai jamais perdu *terre* avec les femmes, si ce n'est dans le *ciel!* »

Elles valent mieux que cela, à mon sens, bien mieux encore que leur réputation, et, d'une façon générale, elles gagnent à être connues.

Tel est au moins le point à démontrer, et la raison de cette étude.

Je ne prétends pas qu'il faille admirer sans réserve, et envelopper de parti pris la griffe sous le velours : qui aime bien, châtie bien. N'hésitons pas devant les vérités, même cruelles ; faisons de la vivisection morale, moins douloureuse que l'autre et tout aussi utile ; enfin, comme Diogène cherchait un homme, cherchons une femme : la vraie, celle qui existe, mais dont on a aboli le culte et brisé les autels.

François Ier, sur un bracelet offert à Mme de Chateaubriand, avait fait graver cette devise :

« Une cour sans femmes est une année sans printemps, un été sans roses, un automne sans raisins, un hiver sans fêtes. »

Impossible, n'est-ce pas, de reconnaître de

façon plus galante l'importance du rôle féminin et son utilité décorative et sociale ?

La république ne s'est pas montrée aussi aimable que le roi de France ; elle a méconnu ce rôle par un hypocrite sentiment de pudeur politique. Mais après avoir lancé l'anathème aux diverses corruptions — monarchiques et impériales — pouvait-elle ne pas afficher une apparente pureté de mœurs? Aussi elle a fait grise mine aux salons,. confondant peut-être la maussaderie avec l'austérité.

Les mauvaises langues prétendent cependant qu'en catimini, elle ne dédaigne point d'aller frapper à certains boudoirs, ou de laisser entr'ouvertes les portes des escaliers de service : mais il est beaucoup de femmes qui n'aiment pas à passer par là.

Les hommes publics, d'ailleurs, ne me semblent pas seuls responsables de la déchéance constatée ; l'homme privé que nous sommes y est bien aussi pour quelque chose : influence de milieux peut-être, d'éducation, de circonstances ou de théories nouvelles ; en tous cas les raisons du phénomène peuvent se déduire logiquement :

— Les femmes sont une *aristocratie* et devaient fatalement se trouver écartées, à une époque où toutes les aristocraties demeurent suspectes, qu'elles viennent de la race, du travail ou de l'esprit. La suprématie de la grâce, le despotisme du charme, la royauté du cœur étaient-ils supportables pour des enragés d'égalité ? Il faut que rien ne dépasse de notre effrayant niveau de platitude : pas même un bouton de rose !

Dans notre individu actuel, plusieurs êtres sommeillent. D'abord, l'ami de saint Antoine, dont je ne parle que pour mémoire, mais qui, maintenant, fait très bon ménage avec deux colocataires : un socialiste et un conservateur. Le conservateur agit contre les gens du dessous, le socialiste contre ceux du dessus, et ce dernier n'admet aucune supériorité, à quelque sexe qu'elle appartienne.

— Nous avons préparé et nous encourageons la *masculinisation* de la femme, par notre langage, par nos habitudes, par nos goûts, par notre manière d'être avec elle.

Nous l'avons enlevée de son salon et de son cabinet de toilette pour la faire descendre à l'écurie, pour l'initier à tous les sports, pour la conduire au cabaret, dans les théâtres libres et à tous les spectacles pouvant surexciter sa curiosité rendue maladive. Nous l'avons rapprochée de nous, non pas en nous élevant à elle, mais en l'abaissant à notre niveau, pour la transformer en un camarade capable de partager nos plaisirs masculins, afin que nous n'en soyons plus distraits par l'obligation d'aller *causer* avec elle.

Avec sa prodigieuse faculté d'adaptation, elle s'est faite à cette nouvelle existence, s'habituant bravement à une plus forte dose de matérialité, sans se souvenir qu'elle avait été déesse, sans s'apercevoir surtout qu'elle abdiquait son pouvoir.

Répudiant tout son passé historique, elle n'a plus voulu se souvenir que les religions l'avaient vénérée sous les noms de Sitâ, d'Isis, de Marie, et que les hommes l'avaient adorée, quand elle s'appelait Hélène, Cléopâtre et Béatrice. Je sais bien que ce sont des souvenirs lointains, mais il en existe de plus récents, et même de très rapprochés, qui démontrent assez l'incomparable force de son influence.

Sans doute, toutes les femmes ne peuvent rêver d'aussi hautes destinées, et, à établir de telles comparaisons devant le scepticisme du siècle, on se sent presque poncif; mais n'auraient-elles pas dû au moins conserver les qualités essentiellement personnelles, dérivant de leur origine et de leur sexe, au lieu de devenir, comme nous, des unités sans valeur écrasées par la loi des multitudes?

Hélas! plus nous irons, plus les individus

pétris dans le même moule égalitaire, fabriqués moralement d'après les mêmes formules, se rapprocheront de ces articles de Paris, à prix fixe, qui font le succès des grands magasins ; ce sera la *boutique à treize* de l'humanité !

— Les hommes ont presque toujours les femmes qu'ils méritent.

Je ne sais trop de quel côté serait le compliment si cette vérité tant soit peu paradoxale était absolument démontrée ; cependant, à mon avis, nous avons plutôt mieux que ce que nous méritons, bien que l'on ait fait tout ce qu'il fallait pour arracher l'idole de son temple et l'accoutumer à la vulgarité de nos aspirations.

Il n'en allait guère de même autrefois. L'amour, sous Louis XIV, « voulait des prières qui implorent et des agenouillements qui remercient », et si la volupté fut l'âme du dix-huitième siècle, au moins sut-elle se dissimuler toujours sous les formes les plus raffinées.

1*

Aujourd'hui nous avons Marianne : c'est une forte femme, au casque masculin, aux poignets élargis, aux manches retroussées pour quelque lutte virile ; mais en la regardant, on attend une harangue, une interpellation, on ne cherche pas le baiser.

Elles ne sont plus que de précieuses raretés les créatures exquises, en qui s'incarnent toutes les distinctions féminines, qui emportent avec elles, dans les plis troublants de leurs robes, dans les malicieuses fossettes de leurs joues, sur le rebord duveté de leurs lèvres, le rêve idéalisé de nos cœurs !

— Enfin il en est des femmes comme des fleurs : il faut qu'elles soient cultivées. Les horticulteurs de cet ordre s'appellent les féministes. Malheureusement, il n'en existe plus guère de ces passionnés d'art et de psychologie, qui aiment à se pencher sur une âme de femme, pour analyser ses sentiments, ses désirs, ses pensées les plus secrètes, qui l'étudient enfin

pour le seul plaisir de frôler son cœur, tabernacle d'amour !

Ils sont comme ces amateurs de pêches, qui
ne les cultivent que pour la subtile jouissance
de les voir s'épanouir au soleil et de respirer
leur parfum !

Mais a-t-on le temps d'approfondir à ce
point ? Le siècle marche vite, et la lutte pour la
vie est là, qui rend les satisfactions brutales.

La femme tourne à la citoyenne, le mariage
à l'association, l'amour à la satisfaction des
sens ; fille de joie ou fille dotée, pouvant servir
au plaisir ou à l'intérêt, on ne songe même pas
à lui demander autre chose : il n'y a que les
dilettantes qui s'attardent à rechercher son
cœur.

Peut-être trouverait-on quelque consolant
espoir dans cette pensée : que nous sommes en
face d'un être de transition auquel on doit tracer sa voie définitive.

Mais alors rappelons-nous que, là surtout, le péril est à gauche, et qu'il faut éviter la peu enviable femelle que serait la compagne socialiste.

Tâchons enfin de redonner des ailes à cette créature si spéciale, — qui est autre chose qu'un individu de sexe opposé, — et de bien dégager ce qui se trouve en elle, de poésie, de clairvoyante charité et d'amour.

Eh! mon Dieu! oui, le Créateur y a mis tout cela, pendant la fameuse nuit où il a tant travaillé — et c'est ce qui faisait dire à ce vieux paysan, plus philosophe que bien des académiciens :

« La femme est le dimanche de l'homme! »

II

L'AME FÉMININE

Il faudrait des doigts de fée pour toucher à cette « âme de dentelle », ainsi que la définissait Napoléon, résumant dans une image exquise tout ce que l'âme de la femme contient de finesse, d'élégance, de préciosité sentimentale, en même temps que de frivolité capricieuse et de fragilité : tissu fait de fils mille fois combinés, enchevêtrés, laissant ici un vide, plus loin se groupant dans un motif compliqué, pour s'éparpiller ensuite dans quelque dessin d'une fantastique légèreté ! Parure de luxe, enfin, comme la dentelle, mais, comme elle aussi, pouvant s'accrocher partout.

La psychologie féminine est donc autre chose que ces *états d'âme*, mis à la mode par certains romanciers, faisant plutôt l'histoire des sensations que l'analyse des sentiments.

Il n'y a pas, dans cette créature, qui semble si profondément étudiée, que de la passion et de l'amour, du dévouement ou de la duplicité, des pudeurs irréductibles ou d'indomptables désirs ; mais les vertus comme les vices s'y trouvent, en quelque sorte, à l'état endémique : germes pouvant éclore ou avorter, suivant les circonstances, les milieux, les températures et le talent de l'homme chargé d'en surveiller la culture.

C'est pourquoi on aurait à choisir parmi des définitions prodigieusement variées, depuis les formules les plus poétiques, jusqu'à la froide sentence de Proudhon disant : « La femme est la désolation du Juste. »

La vérité est que son âme ne forme point

un bloc *intégral*, — que l'on me pardonne la barbarie de cette épithète, — mais présente un assemblage d'états successifs. Plus sensible encore que la mince feuille d'argent, recevant dans le phonographe les empreintes creusées par les vibrations de la voix, elle a la prodigieuse faculté de recueillir et d'enregistrer les plus fugitives impressions.

Sa substance spirituelle est formée de cette poussière de perceptions.

L'étude de la femme devrait donc s'appliquer à tous les moments de son existence, à tous les états par lesquels elle peut passer, à toutes les transformations morales, matérielles et sociales qu'elle est appelée à subir.

S'il était permis, en matière aussi subtile, de procéder comme les comptables, je mettrais en première ligne, dans la colonne de l'actif, une extrême sensibilité. On l'a dit : c'est le cœur qui perd la femme, c'est aussi le cœur qui la sauve! J'ajoute qu'il la retient plus souvent encore qu'il ne l'entraîne.

Il faut donc avant tout bien comprendre que ses pensées, ses actes, ses déterminations restent exclusivement explicables par cette sensibilité originelle, accrue dans une infinité de cas par un nervosisme presque maladif.

Ne vous présentez donc pas devant elle, armé de raisonnements et de logique! ce blindage l'épouvante! devant cet appareil, elle se hérisse, groupant en un faisceau défensif toutes ses *facultés d'opposition* — et les sceptiques prétendent que leur variété est infinie. — Vous l'irriterez, enfin, sans la persuader jamais.

Si vous faites appel au sentiment, tout change. C'est le principe de la boîte à musique: en vain n'en connaissant pas le secret, vous emploierez la force ; rien ne bougera et l'instrument sera brisé, avant que vous ayez entendu la moindre mélodie. Au contraire, qu'un simple déclanchement soit actionné, et tous les airs prendront leur volée. Pour la femme, il en est de même : agissez sur le déclanchement du cœur, toutes ses *facultés d'harmonie* vous répondront.

Facultés d'harmonie et facultés d'opposition concordent donc avec les colonnes de l'actif et du passif, où nous pouvons ensuite ranger tous les sentiments dérivés : dans l'une, l'amour, la bonté, la charité, l'instinct du dévouement, l'ingéniosité affective ; dans l'autre, la duplicité, la méchanceté, la férocité parfois, les passions malsaines.

Cette énumération, d'ailleurs, n'a pas la prétention d'être limitative, car un dictionnaire entier, — fût-il laborieusement édifié par des Immortels, — ne saurait suffire aux innombrables nuances de l'âme féminine.

Cependant il est trois caractères sur lesquels il est bon, — par mesure de précaution, — d'accrocher un écriteau, invitant le masculin à se mettre sur ses gardes.

La femme est naturellement comédienne, naturellement superficielle, et recèle en elle quelque chose de la race féline.

— Comédienne, parce que c'est un être décoratif, dont la façade, fort joliment historiée, cache souvent, comme ces immeubles modernes de superbe apparence, des matériaux de mauvaise qualité et un intérieur difficilement louable.

— Superficielle, parce qu'étant le jouet de ses impressions successives, elle saute d'une idée à une sensation, d'une amitié à une jalousie, d'une tristesse à une joie, comme ces oiseaux de paradis, voletant de ci et de là, des branches les plus fortes aux brindilles les plus ténues, sans s'arrêter jamais sur un arbre ou sur une fleur.

Souvent hélas! les sentiments féminins ne sont que de ravissantes aquarelles, dont une goutte de pluie, un baiser humide, une larme, peuvent brouiller les couleurs.

-— De race féline, enfin, en ce que, dans ses mouvements d'âme et de corps, elle a cette souplesse des chats, en même temps que leur fourberie instinctive. Même en entendant le ronron le plus caressant et en touchant la plus veloutée des pattes, il est bon de ne pas s'abandonner à une complète sécurité. Il se trouve en elle quelque chose d'indéfinissable : pouvoir occulte, ressources mystérieuses susceptibles d'être employées au bien comme au mal, sorte de fonds secrets, avec lesquels elle peut nous récompenser ou nous combattre.

La femme est-elle inférieure ou supérieure à l'homme? La physiologie dit : inférieure; la psychologie ne serait pas éloignée de conclure à la supériorité ; le socialisme, dans sa matérialité brutale, proclame l'égalité parfaite.

Je crois que la vérité réside. dans l'opinion de Michelet, pour qui la femme peut être, suivant les cas, infiniment supérieure ou infiniment inférieure à l'homme : «Elle a, dit-il, des octaves de plus dans le haut et dans le bas ; c'est une lyre plus étendue, mais non complète, car elle n'est pas bien forte dans les cordes du milieu. »

Malgré cette faiblesse du médium et cette facilité à atteindre les extrêmes — ou même à cause de cela — sa puissance sur nous est reconnue par cet adage rectifié : « L'homme s'agite, la femme le mène. »

Elle le mène, sans avoir les grandes facultés directrices, et simplement parce que, connaissant par elle-même les faiblesses de sensibilité, elle sait les reconnaître chez celui qu'elle veut conduire. Elle emploie ses qualités spéciales de ruse, de diplomatie fureteuse, d'intuition féline, à découvrir les fissures de son âme et de son cœur et à se faufiler par là. Une fois la brèche ouverte, elle s'installe dans la place ; elle a distingué la corde susceptible de vibrer et elle en joue indéfiniment, flattant l'être dirigé dans ses passions nobles ou viles, dans sa vanité, dans ses aspirations, ou simplement dans ses habitudes et ses manies.

Ne pouvant régner par le droit du plus fort, elle gouverne par les petits moyens, faisant de la politique opportuniste, usant des plus faibles circonstances, groupant en un faisceau tous ses moyens, depuis la séduction classique jusqu'à cette force, que Balzac appelait la force de la *crécelle*, — « puissance qui consiste dans une perpétuité de sons, dans un retour si exact des mêmes paroles, dans une rotation si complète des mêmes idées, qu'à force de les entendre, on les admet pour être délivré de la discussion. »

Et l'homme, comme une mouche volumineuse grisée de son bourdonnant tapage, ne s'aperçoit pas que cette âme féminine, tissée de fils d'araignée, se referme sur lui, engluant ses pattes, dominant ses frémissantes ailes.

L'âme de dentelle triomphe de l'âme d'acier !

Il ne faut pas médire de ce pouvoir : il est nécessaire pour tempérer tout ce qu'il y a en nous de violent, d'abrupt, de brutal, et pour mettre ce qu'il y manque de finesse, de douceur et de patience. Mme Necker comparaît cette utilité à celle de ces duvets introduits dans les caisses de porcelaine : comptés souvent pour rien, tout se briserait sans eux.

Dieu a fait l'homme en praticien, la femme doit l'achever en sculpteur.

Elle a aussi cette puissance de reflet, cette souplesse d'adaptation, qui lui permettent de s'approprier toujours nos conditions d'existence et de caractère. Possédant les qualités qui nous complètent, elle doit former avec nous cette unité dans la dualité, ce *duo in carne una* dont parle l'Écriture.

Aujourd'hui, c'est parce que l'homme et la

femme, ne vivant plus assez côte à côte, ne mettent pas en commun, pour la force et la grandeur de la *Raison conjugale*, leurs pensées, leurs vertus, leurs travaux, leurs facultés personnelles, que l'un et l'autre ont perdu de leur puissance.

La femme s'aperçoit chaque jour que sa royauté lui échappe, mais loin de le comprendre et de chercher à ressaisir cette influence en se rapprochant de l'intimité morale de l'homme, elle rêve de je ne sais quelle puissance parallèle, elle veut se créer un pouvoir de concurrence, prétendant faire reconnaître sa liberté d'initiative et d'emploi de ses forces, répudiant de plus en plus la tutelle purement nominale du seigneur déchu qui fut son maître, visant à établir le droit de se gouverner à sa guise et d'aimer qui lui plaît.

Et cependant, cet être, que Mme de Girardin définit faible, ignorant, craintif et paresseux, ne peut pas exister par lui-même.

Essentiellement relatif, il lui faut, pour acquérir toute son intensité de rayonnement, recourir à notre action ; de même qu'à notre tour, nous devons faire appel à ses spécialités féminines, « à cet instinct sublime qui l'éclaire, comme à cette inspiration divinatoire, plus précieuse que l'expérience. »

III

LA JEUNE FILLE

Si, pendant ces dernières années, nos romanciers ont beaucoup écrit sur la jeune fille sans arriver à fixer des types définitifs, cela tient, je crois, à ce qu'ils ont appliqué trop généralement, aux modèles choisis, les caractères bons ou mauvais des divers milieux dans lesquels il les avaient étudiés. En effet, suivant que cette étude aura porté sur Paris ou la province, qu'elle aura visé le monde aristocratique ou républicain, celui de la finance, des arts, des cercles purement français ou des colonies cosmopolites, les déductions en paraîtront essentiellement différentes.

1**

On conclura à des naïvetés invraisemblables, le plus souvent à des demi-virginités ou à des précocités inquiétantes, parfois enfin à des sentiments d'un absolutisme surhumain. Et, cependant, faisant la part de la variété de nuances, fatalement produite par la diversité de ces influences de famille et de monde, il me semble que dans un pays où l'on applique presque partout la même méthode d'éducation, tout en obéissant aussi — il faut le reconnaître — aux mêmes préjugés, les traits essentiels de la psychologie des jeunes filles restent toujours à peu près semblables.

On ne considère pas assez chez nous que la jeune fille est la préface de la femme. On veut en faire un être spécial, incolore, de substance idéale, auquel on s'efforcera de masquer toutes les réalités nuisibles ou bienfaisantes, sous le seul prétexte que ce sont des réalités. On la maintient sans cesse en étroite tutelle, lui cachant soigneusement les mots, — sans songer qu'elle peut voir ou deviner les choses — la considérant toujours comme frappée de l'incapacité de distinguer le bien du mal, de se défendre d'un contact pernicieux, de se diriger, enfin, d'après la saine appréciation des faits.

En agissant de la sorte, on oublie tout d'abord que la jeune fille ayant, très développées déjà, toutes les facultés d'intuition et de curiosité de la femme, toutes ses qualités d'esprit aussi, elle cherche à s'expliquer ce qui lui est dissimulé avec tant de soin. Il n'y a que des parents poseurs ou aveugles pouvant dire : Ma fille est trop bien élevée pour chercher à comprendre !

La vérité est qu'elle s'ingénie à trouver le secret de la comédie, allant parfois jusqu'à découvrir du mystère là où il n'y en a pas.

Et puis, près d'elle, autour d'elle, que de multiples éléments d'instruction, et surtout d'erreur : les frères, les amies, l'intimité de la famille, les fissures existant dans les rapports entre le père et la mère, les conversations mondaines — vous savez, ces conversations où l'on parle de tout, du mariage de M. Un tel, de la position intéressante de Mme X..., du divorce du ménage Z..., et où l'on termine par le petit potin croustillant, échappé du dernier five o'clock. Au bout d'une heure, les mères s'aperçoivent, avec un effarement comique, qu'il y a là une demi-douzaine de leurs filles, et s'en consolent en espérant qu'elles n'auront pas compris.

Enfin, sans parler de la tentation, quelquefois acceptée, de lire le journal qui traîne ou le livre oublié, il y a les réceptions, les soirées où pendant plusieurs heures, au milieu de la griserie de la danse, des fleurs, du plaisir, les jeunes filles causent, rient, raisonnent et philosophent avec des messieurs, reçus sous le seul bénéfice de leur étiquette mondaine, et sur la discrétion morale desquels on n'est pas toujours fixé.

En somme, trois vérités s'offrent à la méditation sur ce premier point :

— C'est par des infiltrations que les sources les plus limpides et les mieux surveillées peuvent être contaminés.

— Mieux vaut *canaliser* les curiosités virginales que de les laisser dévier.

— L'esprit de la jeune fille ne doit pas op chercher, car à voleter partout il court le risque de se polluer les ailes. Une bonne et franche vérité l'alimenterait plus sainement que les multiples *friandises* dérobées en cachette.

Parmi les matérialités de la vie, il en est que l'on peut dévoiler sans que l'intégrité de l'âme en soit atteinte. En les écartant toutes et de parti pris du chemin de la jeune fille, on ne se souvient pas assez que, faite de notre poussière, elle doit fournir une carrière humaine.

Sans doute, il ne faut pas en elle tuer le rêve précieux, mais en la familiarisant avec la terre, on adoucira la brutalité de la transition, lorsque, tout à coup, la toile se lèvera sur le drame de sa vie.

Où serait l'inconvénient de l'élever davantage pour l'amour *vrai*, au lieu de lui en laisser voir seulement les végétations parasites et soupçonner les déviations, — j'allais presque dire : les dépravations mondaines? Oh ! je ne prétends point qu'il faille lui développer un cours technique ; mais on l'a dit : « N'étouffez pas en elle l'enfance des sentiments ! »

Elle n'a d'autre chose à faire ici-bas que d'être épouse et mère, c'est-à-dire à vivre uniquement par le cœur. Pourquoi lui interdire de songer à ce qui constituera dans l'avenir le développement naturel de son être ?

Un tel système manque de franchise et on ne

cultive ainsi en elle qu'une sorte d'ignorance hypocrite, décorative, faite pour ce monde où on la laisse vivre, et où il lui est si facile de regarder et d'analyser, en ouvrant les yeux et les oreilles.

Là, je trouve à noter une nouvelle inconséquence de la méthode. La mère, qui se sera ingéniée à mettre sur des faits extrêmement simples les explications les plus imprévues, et qui, surtout, aura fait des frais d'imagination inouïs pour varier d'invraisemblables légendes, fermera les yeux sur ce qu'on appelle : les *innocents flirtages* — petites escarmouches, où les futures femmes essayent leur pouvoir sur le cœur d'autrui, comme les jeunes chats se font les griffes sur une peau de souris. Si les familles autorisent ce jeu, c'est qu'elles espèrent y gagner un mari ; moi, j'avoue ne pas le goûter autant.

En développant sa coquetterie, la jeune fille ne peut empêcher son esprit et son cœur de s'habituer à des *frôlements* de tendresse : il y a là une sorte de compromission sentimentale, qui pour n'être pas immédiatement funeste, n'en laisse pas moins en elle une petite graine d'impureté et surtout des souvenirs — fleurs fanées, mais ayant exhalé un délicat parfum, que le mari n'aime pas toujours à découvrir en feuilletant sa femme. Un sceptique ajouterait que ce sont des jalons pour l'avenir.

Ces apprentissages du rôle féminin, joints à une intolérance très étroite en certains cas et à cette initiation sournoise, mais souvent faussée, résultant de la vie quotidienne, composent à la jeune fille un caractère d'une extrême complexité. Et, c'est pourquoi, nous restons si fréquemment déconcertés devant une phrase qui lui échappe, une impression qu'elle nous dévoile, faisant croire tantôt à une perversité calculée, tantôt à une candeur presque inadmissible. Ce n'est que le résultat du manque de logique ayant présidé à sa direction ; mais nous la jugeons mal, ne pouvant démêler, au milieu de ces contradictions et de ce fouillis d'éléments disparates, ce qui constitue sa vraie nature.

Dans la plupart des cas, la réalité est meilleure que l'apparence, car il s'agit plutôt d'oxydations de surface; — néanmoins, deviner ce que sera la femme devient aujourd'hui le plus subtil des problèmes.

En France, nous admirons volontiers ce qui se passe chez les peuples étrangers, disposés que nous sommes à dénigrer ce qui se fait chez nous.

Je ne sacrifierai pas à cette manie en vantant la supériorité de l'éducation américaine. Nos mœurs, et aussi nos préjugés, ne nous permettraient pas d'appliquer la méthode suivie dans une nation où, comme le dit Bourget dans sa remarquable étude d'*Outre-Mer*, il est impossible de distinguer les femmes des jeunes filles, et de démêler, en voyant leurs visages, « ceux sur qui le mariage a passé ».

Il ne peut en aller de même ici, où le « qu'en dira-t-on » est une puissance si respectée.

Et puis, admettrions-nous qu'il soit permis à nos filles d'aller seules au théâtre, au restaurant, ou d'organiser avec leurs *flirts* des parties de campagne? Les mères s'y refuseraient et, étant donné ce qu'on appelle notre caractère national, je crois qu'elles auraient raison.

Dans notre pays, homme et femme ne peuvent se trouver en présence sans qu'aussitôt se glisse entre eux la vision de l'amour. L'un ne résiste pas à l'espoir d'une conquête, l'autre à l'essai d'une séduction, et tout de suite voilà le cœur mis sur le tapis, rendant irréalisable une intimité désintéressée.

C'est pourquoi, nous ne devons pas songer à transporter sur notre sol les habitudes du Nouveau-Monde, mais, tout au moins, nous pouvons les imiter dans ce qui nous serait utilement applicable, et notamment en ce qui touche le développement de la *personnalité* des jeunes filles.

On ne les arme pas assez pour la lutte de la vie. Le mariage étant leur destinée, il ne s'agit pas de le leur montrer toujours comme une spéculation possible ou une émancipation fleurie, mais de leur faire entrevoir toute cette philosophie conjugale, résultant des réalités pratiques, des épreuves communes, des désillusions comme aussi des plus radieuses joies — philosophie de contrastes, qui devient applicable dans le ménage sitôt que tombe, flétrie, la dernière rose de la fête nuptiale.

Que ce soit le sentier ensoleillé aux doux rayons de printemps, que ce soit le chemin du Calvaire, la femme près de l'homme aura un double rôle à remplir : le charmer et le consoler !

Toute l'éducation de la jeune fille devrait donc être dominée par cette idée principale :

la préparation au mari. Il y a en elle un terrain à travailler pour cette culture déterminée; car le laisser en friche sous prétexte de respecter sa virginité, c'est permettre aux végétations sauvages de s'y produire et aux graines, éparses dans l'air, de venir y germer.

Quel labeur incombe ensuite au mari pour choisir entre toutes ces pousses, arrachant celles-ci, greffant celles-là, semant plus loin une espèce préférée !

La mode et les tendances du jour veulent surtout qu'on y plante beaucoup de ces fleurs violettes de l'Instruction publique. C'est la conséquence du système qui cherche à rendre la femme égale à l'homme.

Pourquoi égale? Ni leurs facultés, ni leur évolution physique, ni leur rôle social ne sont les mêmes.

Et cependant, pour réaliser cette utopie, que n'accumule-t-on pas dans les frêles cerveaux féminins, et combien ils doivent être meurtris d'un contact avec la chimie organique et la morale civique !

Quel contresens, enfin, de chercher à viriliser la femme, par son initiation à tous les sports masculins !

Nous aurons ainsi une citoyenne, peut-être une doctoresse ou une députée; que lui servira le douteux éclat de ces qualités, puisque nous lui donnons le plus beau des titres en l'appelant la Femme, et qu'en saluant en elle la Mère, nous lui reconnaissons la plus rayonnante gloire de l'humanité.

Certains bons esprits regrettent que les jeunes filles ne fassent plus de fautes d'orthographe; sans aller aussi loin, il me sera bien permis de reconnaître que la formule de la gravitation universelle leur sera moins utile que la *philosophie du cœur*.

Dans l'éducation de la première moitié du dix-huitième siècle, nous disent les Goncourt, ce que la mère cherchait à développer dans sa fille, c'était « la femme elle-même, la personnalité d'un être qui sent et pense par lui-même. Pensée, sentiment, voilà ce qu'elle guidait, ce qu'elle encourageait; ce qu'elle faisait lever et redresser dans le cœur et dans l'âme de son enfant, comme une force et une conscience individuelles, sincères et libres. »

En un mot, n'instruisez pas, élevez!

C'est là tout le secret pour que la femme de demain retrouve l'esprit pénétrant, le charme incomparable et le goût suprême de la femme d'autrefois.

IV

L'AMOUR ET LE FLIRT

Voltaire a dit de l'amour : « C'est l'étoffe de la nature que l'imagination a brodée. »

Sans ces broderies, délicates ou surchargées, d'une finesse exquise ou d'une pesante richesse, tissées d'or, d'argent ou de fil, suivant les individus et les époques, l'étoffe resterait une prosaïque utilité, dénuée de cette chatoyante poésie qui en fait tout le charme.

Si l'amour eut son siècle, il n'est plus aujourd'hui qu'un dieu de second plan. Les vendeurs ont envahi son temple, et ses ailes alourdies ne peuvent plus l'élever au-dessus de notre brumeuse atmosphère de matérialisme.

La question sociale, la lutte pour la vie, l'angoisse du lendemain absorbent toutes les attentions, captivant le meilleur de nos forces vives, et l'amour meurt du contact de ces préoccupations amères, qui glacent le sourire sur les lèvres et, dans les yeux, éteignent les lueurs d'insouciante joie.

Que peut-il faire au milieu de ce fatras économique, où il est question de capital, d'intérêt, de consommation, de production, d'égalité devant le besoin ? Lui, « qui n'est jamais si à l'aise que dans un nid trop étroit », pardonne volontiers toutes les injustices sociales, dès qu'il trouve un cœur où il puisse s'abriter. Seulement, à l'aspect de ces bruyantes machines, il n'ose s'aventurer, de peur qu'avec son cortège de fleurs, de rayons et de baisers, on le prenne pour une divinité de carnaval!

Les sociologues parlent beaucoup de la régénération des peuples par le culte de la fraternité. Je la croirais surtout possible par le culte de l'amour, qui recherche et proclame l'influence de la femme. L'histoire nous prouve que les peuples chez qui elle fut honorée ont été remarquables par leur supériorité intellectuelle et leur génie artistique; ils ont eu les grandes pensées qui viennent du cœur, au lieu des conceptions froides et intéressées qu'aucune émotion de sentiment ne réchauffe.

Est-ce un rêve? il me semble qu'aujourd'hui encore la meilleure œuvre sociale serait de restituer à la femme son rang de souveraine, dans la société, dans les salons, comme aux plus modestes foyers, de l'arracher aux théories qui tendent à l'avilir, — et qui ont été engendrées par nos désirs de satisfactions faciles, aiguisées par une littérature d'excitation — enfin de la replacer assez haut pour que, dans sa conquête, nous trouvions le triomphe le plus flatteur de notre carrière d'homme et sa suprême récompense.

On élève assez de statues inutiles pour que

nous puissions réserver un piédestal à la divinité féminine, comme l'antique Egypte l'avait
fait pour la déesse Isis — comme elle, lui donnant, en guise de sceptre, le lotus symbolique,
calice de la fleur d'amour!

Ce sont là, dira-t-on, considérations de poète
qui écrit en prose, mais il nous faut des
« tranches de vie » à nous, hommes d'un
siècle expirant, qui n'avons nul besoin, pour
guider notre orgueilleux destin, des mystiques
religiosités. Il nous faut des jouissances immé-
diates, payables à vue au guichet de la vie,
car mort le bonhomme, morte l'étincelle, et les
paradis, que la logique ne prouve pas, ne sont
plus là pour payer les résignations et les larmes
d'ici-bas!

Voilà la chanson du jour; quelle musique
l'amour peut-il écrire sur de telles paroles?

Eh! mon Dieu, lui aussi fait du Wagner!
Le sentiment n'existant plus auquel la pure
mélodie puisse s'adresser, il cherche par les

dissonances, par les heurts de sonorités bizarres, à surexciter la sensation : l'inspiration manque, il fait de l'orchestration !

Puis quand l'amour a passé, quand l'audition est finie, on reste le cerveau vide, les nerfs malades, le cœur enserré de mélancolie. On ne s'en va plus, ayant dans l'âme un air simple et joyeux qui l'aurait charmé, et qui toujours y serait resté comme une réminiscence de jeunesse !

Je n'ai pas la présomption de vouloir condenser, dans les limites étroites d'un chapitre, toute une théorie de l'amour. Beyle, Michelet, les grands modernes et même saint Thomas-d'Aquin ont fouillé le sujet à ce point, qu'après eux il n'y a plus à modifier le fond de la doctrine philosophique, mais simplement à noter les nuances spéciales à notre époque et qui y caractérisent la manière d'aimer.

Comment aimons-nous? — Comme nous

pensons et comme nous vivons : sans sponta-
néité, sans enthousiasme, sans idéal! L'amour
est un sentiment de puissance, de sacrifice, de
bonté et aussi de plénitude : ce ne sont guère
les qualités à la mode. Mais le pessimisme, —
le *zutisme* même, puisqu'il faut l'appeler par
son nom — la sécheresse, la négation du rêve,
voilà actuellement notre mobilier de cœur et
d'âme.

Les romanciers, les écrivains, quels qu'ils
soient, ont aussi encouragé ces tendances en
développant une manie qui nous est chère :
l'analyse. Sous prétexte d'affranchir l'esprit
humain, en n'admettant que les vérités scrupuleusement démontrées, nous avons voulu
appliquer à toutes choses — même au domaine
immatériel — les procédés scientifiques.

On ne s'est pas dit que l'amour n'étant pas
exclusivement physique, son essence exigeait,
pour se développer, la croyance en des principes d'un ordre supérieur; mais, matérialistes

par intérêt, par pose ou par impuissance, ne croyant qu'au scalpel et à la cellule, nous avons fait l'autopsie du dieu. Et, comme les carabins, en découvrant les lobes cérébraux, rient de ne pas y trouver l'empreinte de l'âme, nous aussi, en disséquant l'amour, nous avons eu un sourire de sceptique, parce que la flamme divine n'y avait pas laissé de trace tangible !

Un à un, les rayons de son auréole sont tombés et, de poétique devenu physiologique, cet amour — réduit par une certaine école à n'être qu'une maladie microbienne justiciable des antiseptiques — a vu croître autour de lui, le privant d'air et de lumière, les ramifications et les dérivés de l'intérêt.

Sans parler des spéculations purement matri-moniales, combien d'entre nous, avant d'aimer, établissent, avec une rigueur de comptable, les colonnes de *Doit* et *Avoir* : Plaisir, gour-mandise sensuelle, satisfactions du cœur et de l'amour-propre sont autant de valeurs figurant à l'*Avoir* ; mais, de l'autre côté, que de chiffres menaçants ! Les conséquences, le trouble d'une existence confortablement réglée, les charges qui peuvent en résulter, que sais-je ? — chacun ajoutant à cette colonne suivant son caractère et ses appréhensions. Enfin, on fait l'addition et on se conforme *raisonnablement* à la conclusion mathématique. Cupidon aura beau jeter son bagage dans la balance la plus légère, il n'entraînera pas l'autre.

C'est qu'il y a aujourd'hui deux éléments qui s'introduisent dans toutes les déterminations : « le bien-être et le bien-paraître. » On les juge nécessaires pour parvenir, non pas au bonheur, — c'est encore un mot auquel on ne croit plus, — mais à cette sorte de félicité moyenne, végétative, représentée par le maximum possible de satisfactions et le minimum de peines.

Donc, au lieu de l'amour « plus fort que la Mort », nous avons l'amour *moins fort que la privation*.

En langage moderne, cela s'appelle être pratique; la philosophie de demain décore la chose d'un titre plus pompeux : « La culture du moi, » — en bon français, cela me paraît devoir se définir simplement : égoïsme, et de cet égoïsme desséchant qui est l'ennemi de toute conception élevée et de toute émotion sincère.

Enfin, puisqu'il devenait d'un esprit faible de rechercher, dans l'amour, un peu d'idéal, il fallait bien y découvrir autre chose : de là la poursuite de la sensation bizarre, aiguë, malsaine; de là aussi la névrose! — cette fée d'enfer qui écrase les intelligences humaines et corrode les volontés.

Qu'il est lamentable ce cortège de mornes jouisseurs, allant demander aux progrès du génie humain, non pas l'énergie du relèvement, mais les seuls poisons susceptibles de leur donner encore une suprême et mortelle hallucination. Et c'est dans un cri de blasphème douloureux qu'ils s'en vont de la vie, sans que cette fois l'endormante volupté réponde à leur appel désespéré.

L'énergie de la chair leur revient pour les minutes d'agonie !

Laissons là ces tristes extrêmes, produits vénéneux poussés sur le terreau d'une civilisation trop intense, et revenons à notre sujet.

La femmè n'a fait simplement qu'approprier ses moyens de séduction à ces transformations de l'amour, dont les hommes ont été les seuls artisans.

Se pliant comme nous aux exigences du temps, ayant, plus que nous peut-être, le désir « du bien-être et du bien paraître », elle a accepté toutes les conséquences du système.

Ensuite, elle aussi s'est mise à analyser, — mais d'une autre façon, — en recherchant les point. du cœur masculin, sur lesquels elle pouvait avoir actuellement prise. L'homme ayant fait l'impossible pour détruire sa propre légende, et pour démontrer bien clairement, à son admiratrice d'hier, qu'à la place d'un demi-dieu il n'y avait en lui que l'étoffe d'une créature très ordinaire, la femme, contrairement à la parole sacrée, ne s'est pas rapprochée de lui « pour dompter la Bête », mais pour la surexciter.

Elle atteint ce but, non par des provocations caractérisées — piège trop grossier auquel répugnerait sa délicatesse et qui, d'ailleurs, manquerait sa proie — mais par de continuelles piqûres... de sensualité discrète. Et cette sensualité, qui est ambiante dans l'air, qui semble émaner des choses comme des êtres, ne résulte particulièrement ni du laisser-aller des relations, ni des conversations, ni de la mode, ni des théories mondaines absolvant, légitimant presque, des fautes qu'un certain vernis recouvre, ni de l'abaissement du niveau moral, mais elle apparaît comme la résultante fatale de ces éléments combinés.

C'est encore pour la satisfaire — en l'absence des grandes passions, beaucoup trop dangereuses pour l'équilibre de nos petites félicités — que la femme a introduit l'usage du *Flirt*, marchandise d'importation, contre laquelle nous n'avons pas usé du seul protectionnisme qui eût été bienfaisant.

Le flirt peut revêtir les nuances les plus diverses, depuis la teinte mate d'une fleur d'oranger jusqu'aux couleurs éblouissantes de la flore tropicale. On peut l'employer partout — même dans les familles. Il va, se faufilant dans les milieux différents, n'effarouchant ni les mères, ni les maris, poursuivant, à l'ombre des sourires, son œuvre de désagrégation.

C'est le ver qui, doucement, sans que personne l'y ait vu entrer, gâte le plus beau des fruits : on s'en aperçoit seulement quand celui-ci se détache de l'arbre et s'écrase en tombant.

En outre, il permet toutes les manifestations sentimentales, plaisant aux platoniques comme aux instinctifs, recherché par ceux qui aiment à frôler la tentation d'assez près pour avoir un peu du vertige de la chute, cultivé surtout par les mondains, faisant de l'amour un objet de luxe qu'il est de bon ton d'avoir sur son étagère — assez mystérieusement placé pour qu'on puisse le savourer en dilettante, assez en vue pour que personne ne l'ignore. Enfin, il fait même le bonheur des sots, et les ratés du sentiment le pratiquent, se donnant l'illusion de jouer un rôle dans la grande comédie des passions.

Causant avec une femme, ils prennent pour eux les caresses inconscientes de ses yeux, les sourires désœuvrés, oubliés sur ses lèvres, sans se douter que tout cela s'adresse, par dessus leur niaiserie sentimentale, à la chimère flottante de l'amour!

Le flirt est pour les cœurs blasés ce qu'est

le dîner parisien pour les estomacs actuels : incapables de digérer les plats de résistance, ils savourent les hors-d'œuvres, les poivrades et les sucreries.

Si la femme aime à tel point la *flirtation* qu'elle semble l'avoir inventée, c'est que ce jeu lui permet de déployer toutes les ressources félines de son génie. Elle guette et surprend, caresse, griffe, et s'accorde les joies de l'abandon, sachant qu'au bout de la conversation elle aura le malicieux plaisir de se reprendre tout entière — ou au moins de le paraître.

Dans ce duel au fleuret, les armes, démouchetées sans qu'on s'en aperçoive, peuvent faire aux adversaires de profondes blessures.

La bataille de fleurs finit parfois en drame, et le sang coule sur les pétales embaumés des roses.

D'aucuns prétendent que c'est là un badinage sans portée. Bah ! « Aquarelle de l'amour », a-t-on dit : autrefois peut-être, quand cela s'appelait joliment *conter fleurette*. Maintenant le mot est plus court, plus cinglant et la chose plus dangereuse : ce n'est pas un assaut d'esprit, une coquetterie du cœur, mais seulement la *dégustation* d'une volupté extrêmement subtile et énervante.

Sans mordre à pleines dents dans le fruit défendu, on veut au moins que son parfum grise le cœur et monte au cerveau.

Les siècles de foi ont seuls été des siècles d'amour, parce qu'ils étaient préparés à le bien comprendre; seuls, ils peuvent l'être encore.

Il y a là une étude, une culture d'âme spéciale qui, lentement, doit se faire, — par l'éducation, par une philosophie affinée, par une aspiration vers les jouissances supérieures, par la femme enfin, qui, à elle seule, est une « initiation », —

comme elle est aussi une harmonie et une religion.

A l'homme d'aujourd'hui, de demain surtout, de savoir le comprendre, de vouloir dédaigner les fausses initiatrices pour rechercher et aimer les vraies — qui existent!

V

LA PSYCHOLOGIE
DES PHRASES D'AMOUR ET DES BAISERS

———

L'amour, si nous le considérons maintenant au point de vue de ses moyens d'exécution et de sa réalisation pratique, est une sorte de bataille avec ses victoires, ses défaites, ses alternatives de désespoir et de triomphe, et aussi parfois, ses conclusions destructives..... ou ruineuses.

Il y a toujours des blessés, — même des morts — des effectifs entamés, des valeurs à reconstituer ; il y a des belligérants, dont les uns se quittent avec une indifférence hostile, d'autres se reconciliant sur le champ de bataille, quand les blessures de chair n'ont pas été trop vives, et que les troupes de première ligne ne se sont pas trouvées exclusivement fournies par l'élément physique.

Deux armes principales sont surtout employées : la parole et le baiser !

Emprisonnées dans des gaines luxueuses ou enrichies des ciselures les plus fines, faites de fer brut ou damasquinées d'or, on doit également les redouter — et les étudier par conséquent.

I

C'est en se plaçant à ce point de vue de la combativité des sexes qu'un humoriste désenchanté a pu émettre cette maxime ; « Le plus grand ennemi de l'homme, c'est la femme ! »

Ces deux êtres, l'un en face de l'autre, s'entretiennent continuellement sur le pied de guerre. Celle-ci veut charmer, celui-là veut conquérir, et, malgré les tentatives les plus loyales, l'amitié ne saurait subsister dans cette atmosphère brûlante, où, seuls, les sentiments extrêmes peuvent éclore ou se développer.

L'amour lui-même n'est peut-être qu'une forme de la haine, mais la plus enivrante et la plus exquise. Et nous le savons tous si bien, nous craignons à un tel point le terrible réveil, que même lorsque nos âmes se refroidissent, nous cherchons à prolonger la divine comédie, à nous leurrer encore par des mots que les lèvres prononcent, mais qui ne mettent plus au cœur la suprême angoisse.

Si, à ce jeu de dupes, les femmes, plus particulièrement, excellent, je crois que nous devons les en remercier, car, en passant par leurs bouches et par leurs yeux, les mensonges d'amour sont encore assez doux pour nous bercer de radieuses illusions.

Mais cela ne veut pas dire qu'il faille s'en-

dormir aux sons de cette ensorcelante musique ;
j'estime, au contraire, que dans l'intérêt de notre
sécurité et de notre suprématie masculines, il
importe de ne point fermer l'oreille aux fausses notes et aux dissonances. C'est dans ce but
que je me suis plu à disséquer quelques-unes
des expressions chères à nos subtiles *ennemies*,
— monnaie courante de la tendresse, frappée,
côté face, à l'effigie d'Eros, et, côté *pile*, à
celle de Mercure.

— *Je t'aime!....*

A tout seigneur, tout honneur, et il est permis d'affirmer sans trop de paradoxe que ce verbe
gouverne l'univers. Il nous fait dieux, disent
les romances, mais en l'écoutant, rappelons-
nous surtout cette définition d'un aimable sceptique : « L'amour est quelquefois un duo,
assez souvent un trio, et presque toujours un
monologue. » Donc, lorsque d'adorables lèvres

nous murmurent ce vocable étourdissant, tâchons de distinguer.

Il peut être, en effet, l'expression d'un sentiment ou d'une sensation, parfois des deux ensemble, ou constituer — ce qui est très fréquent — un simple mensonge destiné à surexciter et à tromper les autres, voire à abuser celle-là même qui le prononce.

La femme, nous l'avons vu, est un composé bizarre d'une foule de petites forces et de grandes faiblesses, qui agissent à son insu sur ses pensées et sur ses actes.

Au point de vue spécial que nous étudions dans ce chapitre, je comparerais volontiers son âme à une sorte de bazar sentimental, où l'on découvre un peu de tout, depuis la vertu superbe (*pièce rare*) jusqu'à la plus ridicule subtilité psychologique (*article de Paris*). Et que de rayons délicieusement garnis : rayon du cœur, rayon du rêve, rayon du caprice, de l'inconstance, de la jalousie, de la coquetterie, et même rayon de l'atavisme où, pieusement, se trouve conservée une relique venant de notre mère Eve, et qui, depuis, a servi à toutes ses filles : la pomme du Paradis terrestre !

En passant dans ce merveilleux magasin — qui ne manque même pas *d'occasions exceptionnelles* — l'amour subit bien des transformations : tantôt en contact avec des sentiments d'une richesse incomparable, tantôt froissé par quelque bibelot de réclame, il garde l'empreinte de toutes les influences et devient d'une telle complexité qu'il nous est très difficile, à nous pauvres masculins, d'en dégager les origines et d'analyser sa composition.

La sagesse consiste donc, lorsqu'on nous dit : je t'aime ! à nous assurer si l'article est de qualité solide et de teint inaltérable.

Le verbe aimer s'emploie encore autrement qu'à la première personne du temps présent :

— *Tu m'aimeras toujours, dis ?* est une

interrogation posée volontiers par l'adversaire féminin, quand il constate que nous sommes absolument sous le charme. Cela devient comme un désir de porter à son comble notre puissance affective, de la fixer par des protestations passionnées et par des serments qui donnent, ne serait-ce qu'une seconde, la sensation de l'éternité !

L'amour est d'essence si fugitive qu'à chaque instant nous avons besoin d'affirmer sa présence, de sentir qu'il existe : comme l'enfant, tenant un oiseau dans ses deux mains, entr'ouvre ses doigts pour le faire palpiter et s'assurer que le volage ne cherche point à s'envoler. A l'ardeur de notre réponse, la femme mesure son pouvoir ; elle sait s'il monte ou décroît, elle comprend ce qu'elle peut tenter encore : c'est une phrase-éprouvette.

— Je ne t'ai jamais autant aimé !…

J'estime que nous devons toujours prêter la

plus grande attention à une déclaration de ce genre. Sincère, elle est bien la plus exquise qui soit donnée à nos cœurs d'entendre; mais, en même temps, nous ne pouvons guère nous défendre, en l'écoutant, d'une pensée de tristesse et de regret, car elle marque, d'une irrévocable façon, le summum d'un sentiment.Semblable au voyageur parvenu au sommet d'un glacier, contemplant, ravi, le prodigieux spectacle offert à ses regards, l'homme à qui la délicieuse phrase a été dite éprouve comme lui, dans une sorte de griserie, la plénitude de la jouissance humaine; mais il constate que plus haut il n'y a que le ciel, impossible à atteindre, et plus bas la terre, où il faut redescendre! Chaque étape de la montée fut un progrès de l'amour, chaque étape au retour en sera un amoindrissement. Voilà pourquoi, après ces mots qui nous donnent l'impression d'un vertige, les larmes, bien souvent, nous montent aux yeux : larmes d'extase et d'impuissance devant la vision de l'amour infini !

Si, au contraire, la déclaration n'est pas sincère, elle devient terrible, car elle résume toute la duplicité à laquelle une femme peut atteindre. Je ne m'étends pas sur ce chapitre, qui deviendrait alors trop dramatique ; à vous de juger d'après les circonstances : procédez par analyse et ne négligez pas les petits faits.

La nervosité des femmes, leur débilité physique font que de simples malaises arrivent à produire en elles des dépressions considérables, bien peu en rapport avec l'insignifiance des causes qui les ont amenées. Elles voient noir, se laissent aller au découragement, veulent que tout leur devienne indifférent, et, se transportant par la pensée dans l'autre monde, elles s'offrent le délicieux plaisir de plaindre le vivant :

— *Je n'en ai pas pour longtemps,* disent-elles, *et je pense à toi : tu ne retrouveras jamais une femme capable de t'aimer comme je t'aime !*

Ce serait navrant et sublime, si nous nous trouvions en face d'une vraie malade, mais ce n'est pas le cas : nous avons affaire simplement à une coquette alanguie, éprouvant le besoin de nous faire comprendre qu'elle seule est capable de tendresse, de dévouement et de passion, et que chez nulle autre ces sentiments ne sauraient atteindre une telle intensité. Il y a là un monopole que toutes les filles d'Eve aiment à s'accorder, cherchant à défier la concurrence par une réclame ingénieuse.

Elles peuvent aussi vouloir nous dire par là que, n'ayant pas des qualités bien extraordinaires, nous avons été tout particulièrement heureux de trouver une compagne assez bonne pour s'en contenter, mais que cette chance ne nous arriverait certainement pas une seconde fois.

Dans les deux cas : sourire discrètement et faire preuve d'une reconnaissance attendrie; mais ne discuter jamais.

Arrivons maintenant à la jalousie ; elle s'exprime en plusieurs styles :

Style courant :

— *Je suis jalouse de toi; je suis jalouse de ton passé !*

De la part d'une femme qui aime, ce sont des phrases inévitables, qui ne peuvent d'ailleurs que nous flatter, et auxquelles nous devons, en général, accorder toute confiance. Seulement, il y aurait inconvénient à les encourager trop; elle décèlent deux instincts très développés chez nos chères ennemies : celui de la Propriété et celui de la Curiosité. Elles adorent dire : *Tu es bien à moi, n'est-ce pas?* et rechercher dans le fameux passé la trace des précédentes propriétaires, s'il en fut.

2***

Cette autre question qu'elles nous posent si souvent : *A quoi penses-tu ?* procède des mêmes sentiments : il ne leur suffit pas, en effet, de posséder nos êtres physiquement, elles veulent avoir nos âmes, et que pas une pensée ne s'en échappe, que pas un hommage ne soit dérobé à leur culte.

Style tragique :

— *Si tu me trompais, j'en mourrais !...*

Comme ailleurs, il nous faut distinguer suivant que l'affirmation paraît vraie ou non. Je sais bien qu'à moins d'être une comédienne fort perfide, celle qui prononce ces paroles les pense profondément ; et cependant bien des femmes les ont dites qui ne sont pas mortes de leur abandon. L'amour vivant d'impressions successives, on a presque toujours l'entière conviction de ce que l'on exprime, puis arrivent les circonstances qui modifient ou atténuent ces impressions, et les douleurs prévues, comme les joies trop escomptées, perdent de leur violence et de leur acuité :

Et l'oubli vient au cœur, comme aux yeux le som-
[meil !

En matière criminelle, mieux vaut acquitter cent coupables que de condamner un innocent ; en matière de sentiment, mieux vaut écouter inutilement cent femmes qui se croient condamnées à périr à la première désillusion, que de mépriser la seule âme que le chagrin briserait.

D'ailleurs, il est certaine vérité d'accent, certaine éloquence d'expression, auxquelles il semble difficile de se tromper, tandis que si la phrase fatale se trouve suivie de cette demande plus gaie : « *Te remarierais-tu ?* » Il y a lieu, selon moi, de concevoir quelques doutes. L'épouse qui adresse une semblable interrogation y a songé elle-même, et elle n'envisage pas plus les résolutions extrêmes pour elle que pour son coinjoint. Seulement, elle tient à s'assurer que la fidélité sera gardée même à son souvenir, et adore, comme toutes ses pareilles, faire dans le cœur du mari le tour du propriétaire !

Style gai :

— *Tu seras bien sage au moins ?* — se dit lorsque vous partez seul pour un plaisir ou pour une réunion, où le hasard pourrait vous amener de séduisantes rencontres. C'est un rappel affectueux à la vertu, ne révélant ni inquiétude grave, ni soupçon injurieux, et dont la traduction très libre serait à peu près celle-ci : « N'oublie pas que tu m'appartiens, monstre ! »

Enfin, puisque je suis dans le style gai, je veux citer deux phrases qui, répétées souvent, me paraissent, au point de vue de la sécurité conjugale, absolument inquiétantes ; c'est :

— *Il me serait impossible de te tromper,* et... *j'ai envie de t'embrasser !*

Il ne me convient pas d'insister sur un su-

jet dont les développements seraient de nature
à blesser les susceptibilités délicates, mais une
intuition de psychologue me dit, que le rapprochement de ces singulières affirmations doit in-
viter à la réflexion et faire penser au : trop de
fleurs ! de Calchas.

Il vous est arrivé certainement de quitter au
cœur de l'hiver un pays chaud, Nice ou l'Ita-
lie, pour revenir vers le Nord, à Paris, par
exemple. En partant des rives ensoleillées,
vous avez emprisonné en vous toute une pro-
vision de pensées heureuses, gardant dans
votre wagon un peu du parfum des fleurs et de
la chaleur des rayons.

Puis, sans que vous en ayez eu conscience, sans
que votre rêve ait été interrompu, les heures se
sont écoulées ; maintenant le train traverse des
champs de neige et, en ouvrant machinalement
la portière, un air glacial vient vous surprendre,
chassant tout d'un coup la belle vision d'Orient.

C'est aussi l'impression ressentie lorsqu'en plein amour, en pleine confiance, tombent des lèvres chéries ces mots cruels, en réponse à un reproche affectueux :

— Quelle idée ! Pourquoi ne vous aimerais-je plus ?

En les entendant prononcer avec cette impatience agressive de la femme qui s'irrite d'être interrogée, vous aurez compris, n'est-ce pas, qu'entre vous quelque chose vient de se rompre, qu'un sentiment est mort, et que le dieu des sublimes folies s'est envolé pour toujours. Il ne reste plus ni épouse, ni amie, mais devant vous la femme se redresse, adversaire irréductible, oublieuse des tendresses passées, et ne devant vous pardonner que très rarement d'avoir été son maître !

II

Infinie est la variété des baisers, depuis ceux que les mères déposent sur le front des bébés endormis, jusqu'à la venimeuse accolade des Judas. Mais ceux qui relèvent du domaine de la passion, sont les seuls dont nous ayons à nous occuper.

Si l'on m'autorisait l'usage de certaines étiquettes humoristiques, je diviserais volontiers ces baisers en *baisers de préface, baisers possessifs et baisers de clôture*. Cela revient à dire qu'il nous faut les considérer dans chacune des trois grandes divisions d'une évolution d'amour :

Avant la possession. — Pendant la possession. — Après la crise passionnée.

Avant la possession.

Il faut distinguer encore si cette possession

doit fatalement se produire comme dans le mariage, ou si elle est aléatoire, comme dans l'hypothèse d'une conquête extra-légitime.

Dans la première catégorie se placent :

— Le baiser-allumeur ou baiser-amorce, destiné à faire germer l'idée matrimoniale dans une cervelle masculine ou féminine. Il se prend furtivement au bal, à la campagne, aux bains de mer, en Suisse, et dégage un parfum virginal très grisant.

Dans les cas de sincérité absolue et de désintéressement, — fort rares, d'ailleurs, — il est inoubliable.

On doit remarquer que le baiser-amorce n'a souvent qu'un but : celui d'être compromettant.

— Les baisers de fiancés, dont le caractère varie suivant l'espèce de l'union qui doit suivre. Les uns sont réduits à n'être que de simples politesses ; d'autres ont la solennité — la sécheresse aussi — de véritables signatures notariées.

Enfin, il en est d'infiniment doux, discrètement initiateurs de voluptés, radieuse récompense réservée aux braves qui s'engagent dans la vie, sans autres titres en portefeuille que les valeurs de sentiment.

La seconde catégorie ayant un but illégitime, la classification en devient fort délicate.

En dehors des baisers de flirt — fleurs dérobées en cachette dans les jardins d'autrui, et qui servent, soit à des collections d'amateurs, soit à des fixations de souvenirs passagers, comme ces papillons percés d'une épingle que l'on pique à la muraille — nous avons :

— Le baiser d'essai ou d'avant-garde, employé pour tâter l'ennemi, reconnaître ses forces et savoir si l'on peut tenter l'assaut avec quelques chances de succès.

— Le baiser de candidature, qui s'explique tout seul.

— Le baiser révélateur, sorte de déclaration silencieuse et suggestive.

— Le baiser de *cristallisation*, mettant en train tout le travail psychologique que Stendhal a si finement décrit.

— Le baiser sensuel, destiné à débrider les désirs, à les jeter dans la partie, à étourdir les principes de résistance par des vibrations voluptueuses.

— Le baiser-pacte, par lequel les cœurs, ou les corps, — quelquefois les deux — s'engagent tacitement à un don mutuel et intégral. Il ne reste plus ensuite qu'à régler les conditions pratiques de la chute, le lieu et l'heure de l'ivresse suprême.

Pendant la possession absolue.

Encore deux divisions, suivant que l'amour — le conjugal ou l'autre — préside à cette possession, ou suivant que domine seul l'intérêt légal de la perpétuité de l'espèce. Inutile de nous arrêter à ce dernier cas, dans lequel le baiser n'est que le repoussant mensonge de deux êtres glacés : méprisable parodie jouée pour masquer le drame des intérêts.

Avec l'amour, l'histoire des baisers possessifs semble se réduire à une suite de bulletins de victoire, et cependant, que de distinctions seraient encore à noter, si certaine pudeur d'écrivain ne m'interdisait une trop grande précision de détails !

Il y aurait lieu de définir :

— Les baisers qui implorent, et ceux qui s'imposent en maîtres, les étourdis, les curieux, les dégustateurs, les spirituels, les fous !..

—Les baisers de triomphe !...

— Et aussi les baisers tristes !... quand l'âme étourdie d'un vol trop élevé, retombe sur la terre et juge, avec une effrayante lucidité, la petitesse du bonheur qu'elle peut atteindre, en face de l'immensité du bonheur qu'elle rêve !

...... Et les baisers tristes lentement se joignent, funèbres presque, avec, parfois, des larmes d'amour tombant goutte à goutte, tandis que les cœurs, silencieusement, s'apaisent et regrettent !...

Il nous resterait enfin à dire que tous les baisers de cette classe peuvent être donnés et reçus en gourmand ou en gourmet, suivant l'appétit, le caractère, l'éducation et la température de chacun.

Après la crise passionnée.

Cette période commence, en général, par un baiser d'analyse et continue par ce que j'appellerai le *baiser du noyé*, à l'aide duquel on se raccroche désespérément à un amour qui s'évanouit, à une sensation qui s'épuise :

L'agonie du rêve commence !

Puis viennent après :

— Le baiser du dégrisé se demandant comment il a pu si longtemps s'enivrer avec une telle liqueur.

— Le baiser à échéances fixes ou baiser de devoir.

— Le baiser de charité.

A ce moment, les véritables baisers passant presque toujours à l'étranger, il reste à l'ordinaire conjugal... ou morganatique :

— Le baiser d'habitude.

— Le baiser comparatif.

— Le baiser-ricochet, qui va frapper imaginativement d'autres lèvres.

— Le baiser par regain de tendresse, résultat d'une jalousie fortuite, d'une contrariété de l'autre amour, d'un énervement, ou simplement de l'isolement, — pousse souvent à la campagne.

— Le baiser méfiant, donné sans sécurité.

— Les baisers narcotiques (variété plus spécialement matrimoniale), dont le but est d'endormir la confiance du destinataire. Ils se subdivisent :

En baisers *blancs*, jouant la tranquillité parfaite, et en baisers *d'alibi*, simulant un élan de passion et voulant dire : « T'aimerais-je comme cela, si je pensais à un autre ! » Ils se donnent quelques minutes avant le départ pour un rendez-vous... complet !

— Enfin, il y a le baiser de représailles, pris, accepté ou demandé, pour se venger sur l'heure d'une offense que l'on croit avoir subie.

— Et le baiser comique, lorsqu'une femme, par exemple, dit à son amant : « Embrasse-moi là, c'est le coin préféré de mon mari ! »

Si le baiser masculin est très facilement compréhensible, très transparent, peut-être parce que l'on peut toujours s'arrêter à sa traduction... libre, il n'en va pas de même avec le baiser féminin. La femme y déploie toute une science. Elle le distille, le détaille ; grâce à lui, elle enveloppe, apaise, irrite, exprime, se donne, se reprend, avoue et trompe. Il est bien ardu de dégager ce qui vous en revient en propre, dans ce baiser, d'apprécier la dose de sens, de cœur ou d'âme qui s'y trouve mêlée, et de savoir s'il exprime une *présence réelle* ou masque une infidélité totale, ou simplement partielle.

Il fut un temps où le baiser était toujours le prologue d'un acte d'amour. Maintenant, il semble qu'on le prenne moins au sérieux : il rentre dans cette zone neutre des voluptés que l'on peut s'accorder, sans trop s'engager et sans trop ameuter les vertus de la galerie.

Bah ! deux baisers, qu'est-ce que cela ? On les échange — comme les balles — sans résultat… et l'honneur reste satisfait.

Il est juste d'ajouter que, de nos jours, il se contente de peu.

VI

LE MARIAGE ET LA DOT

Le mariage moderne est le thème préféré de tous les écrivains portés à moraliser sur leur époque. Ils l'accusent de tous les maux, le chargent de tous les crimes ; et il faut reconnaître, en somme, qu'ils n'ont pas tout à fait tort : tant d'éléments entrent dans sa composition, qu'il paraît être bien plus souvent un alliage qu'une alliance.

Mais, d'autre part, l'histoire, si nous la consultons, nous prouve que cette institution n'a presque jamais été appliquée avec cette pureté

3*

idéale et cette correction que nous rêverons longtemps encore sans l'atteindre.

Hommes et femmes ne se sont pas toujours mariés. Ils ont commencé par l'union libre, et finiront aussi par là, si nous en croyons les collectivistes.

En outre, ils ne se marient pas dans le monde entier, puisque certains peuples ne connaissent qu'un quasi communisme et que d'autres admettent seulement la polygamie.

Napoléon, à qui il est difficile de refuser une certaine largeur d'idées, avait donc raison de dire que « le mariage ne dérivait point de la nature. »

Il est d'institution humaine. A l'origine, simple contrat rendu parfait par le consentement, affectant parfois la forme d'une vente, comme à Babylone où les jeunes filles nubiles étaient mises aux enchères, il a été successivement entouré de formalités et de cérémonies, puis accompagné, à partir du neuvième siècle, d'un acte religieux.

، Enfin, ce fut au seizième siècle seulement, par le Concile de Trente, que l'Eglise le déclara un sacrement.

Quant à la loi, elle l'a hérissé, sous prétexte de garantie, d'obstacles préventifs et de difficultés d'exécution, qui désorganisent plus de bonheurs qu'ils n'en protégent.

En théorie pure, la définition du mariage — à mon avis du moins — serait celle-ci : « L'union, volontairement recherchée et acceptée, de deux êtres qui s'aiment, s'estiment, et dont les conditions physiques et morales sont telles, qu'elles leur semblent devoir assurer le bonheur du ménage, la création et le développement de la famille. »

Sans être rangé parmi les subversifs, je pense pouvoir trouver également excellente, quoique plus exclusive, cette autre définition, due au fameux socialiste allemand Bebel ;

« Le mariage doit constituer une union que deux êtres n'accomplissent que par amour réciproque et pour atteindre leurs fins naturelles. »

Bebel n'admet, comme base, que l'amour réciproque, mais je pense qu'on peut, dans certains cas, se contenter d'une estime affectueuse, pour commencer : il ne faut pas se montrer trop exigeant.

En pratique, un autre élément, celui de l'intérêt, s'est glissé à travers les lignes de cette définition.

Et cela n'est pas si *moderne* que nous le croyons, car la dot, sentinelle formidable, s'est installée devant le mariage depuis le jour où les peuples ont admis le principe de la propriété individuelle, en même temps que les diverses valeurs d'échange, — comme l'argent, par exemple. De ce jour, en effet, tout contrat, réglant une association humaine quelle qu'elle soit, devait viser les intérêts matériels.

Seulement il n'aurait pas fallu que le côté

finance arrivât à l'emporter sur le côté *senti-*
ment.

Or, chacun sait que si le premier est cultivé
avec le plus grand soin, le second ressemble
beaucoup à ces jardins de curé, envahis par
les herbes parasites, où, seul, un petit coin est
garni de quelques plantes d'agrément mélan-
gées aux légumes.

Aux temps bibliques, si les futurs conjoints
se contentaient de l'apport d'un troupeau, ils
discutaient fort sur sa valeur numérique et sa
qualité. Et il n'était pas rare, paraît-il, de voir
le père de l'épousée user de mille subterfuges
pour tromper son gendre — déjà !

Chez les Grecs, un usage fort galant voulait
qu'un char fleuri — qui était brûlé ensuite —
amenât chez le mari la jeune fille et sa dot :
l'agréable et l'utile ! Cela prouve, en tous cas,
que cet utile était d'un certain poids.

Aujourd'hui, les notaires et les garçons de
recettes remplacent — désavantageusement, il

faut le dire — le char fleuri de l'Antiquité. Les roses et autres végétations symboliques restent fournies par l'Eglise ou la Mairie, — et ni l'une ni l'autre ne les donnent pour rien.

L'ingérence des officiers ministériels, et l'emploi des formalités légales les plus étroites prouvent quelle importance nous attachons au côté finance de nos unions.

Les Athéniens, aux derniers jours de leur décadence, disaient : « Ah ! si nous pouvions, sans femmes, avoir des enfants! »

A l'extrême bout de ce siècle finissant dans les *scandales de l'or*, n'en est-il pas de nos concitoyens qui varieraient cette exclamation, en disant : « Ah! si nous pouvions, sans femmes, avoir la dot ! »

Les Grecs avaient la lassitude de la femme pour en avoir trop usé : certains de nos sceptiques s'en passeraient, comme n'apportant pas une dose d'agréments, supérieure ou égale à celle des sacrifices nécessités par son entretien.

Mais sans aller jusqu'à ce cynisme, on peut admettre, pour parler un langage scientifique, que les préoccupations dotales sont vis-à-vis des préoccupations sentimentales dans la proportion de 3 à 1.

Je sais bien qu'il y a des mariages d'amour, mais je réserve pour plus tard l'examen des exceptions.

Le principe mathématique une fois posé, comment les femmes, mères et filles, en font-elles l'application ?

Les unes et les autres employent — et c'est justice — les moyens, les talents, dont la nature et l'éducation les ont douées, afin de mener à bien ce que les socialistes appellent, un peu brutalement, la « lutte pour l'homme », et ce que nous nommerons, dans un langage plus mesuré, la pêche au mari.

C'est qu'en effet, pour la réussite de cette opération, il faut toutes les qualités de ce pêcheur à la ligne qui, avec une inaltérable patience, silencieusement et sans humeur, change ses amorces dévorées en pure perte, jusqu'à ce qu'un goujon, plus gourmand, plus courageux ou plus naïf, se laisse prendre à l'hameçon.

Nous adorons, il est vrai, grignoter les amorces féminines, mais en évitant, autant que possible, le harpon définitif.

De même qu'il existe des engins destinés à agir par miroitements, de même les parents étalent, devant nos indifférences méfiantes, la qualité des apports, des avantages, la proximité des espérances, le chiffre de la dot !

Sur ce dernier chapitre, ils se livrent à une manœuvre'inverse de celle qu'emploient les grands magasins : ceux-ci mettent 1 fr. 90 sur un objet de deux francs, afin d'engager à le prendre par son apparent bon marché ; ceux-là — les parents — étiquettent 2 fr. 10 un objet de 39 sous, afin que son apparente richesse triomphe des hésitations.

Mais, si dans l'art de la devanture, ils n'usent pas toujours de la sincérité désirable, en revanche, la valeur marchande du futur... possible est passée au crible.

Outre qu'on lui demande aussi une dot en rapport avec ce qu'on prétend apporter — en rapport, c'est-à-dire supérieure, autant que possible — on veut encore qu'il soit nanti d'une *position sûre*.

Je n'ai jamais bien pu comprendre ce qu'on entendait actuellement par ce terme.

Est-ce d'être Sous-Préfet ? — La politique est une cuisine qui empoisonne même ceux qui la préparent.

— Magistrat ? — Il faut être dans de *bonnes idées*, qui varient suivant les ministères et les régimes.

— Trésorier-général ? — Et le cautionnement !

— Docteur ? — On compte plus de médecins que de malades.

— Banquier? — Trop de chemins de la finance conduisent à Mazas. (Le dernier salon où l'on cause!).

— Littérateur ? — Mais à l'Académie seulement on touche un traitement fixe, et tout le monde n'y arrive pas.

— Journaliste ? — Quelle horreur !

— Rentier, peut-être? — Eh ! bien, et le socialisme !

Alors je ne vois pas en quoi consiste la *position sûre*, mais je présume que les mères et les marieuses le savent, car elles s'entendent fort bien quand elles en parlent. Cela fait partie d'un langage conventionnel, d'elles seules compréhensible, comme lorsqu'elles jugent la moralité d'un candidat par cette phrase : « La conduite du jeune homme offre-t-elle toute sécurité ? — Oui ma chère ! »

Très bien, et tant mieux pour lui si l'on rend ainsi hommage à une vertu sincère, mais le plus souvent cela signifie : que ledit jeune homme n'a pas eu assez de cœur pour aimer réellement, préférant chercher ses joies de garçon dans la galanterie publique, ou qu'il a fait preuve de sens pratique, en faisant faillite à ses engagements d'amour. Peu importe, d'ailleurs, qu'il ait mené ce qu'on nomme couramment une vie de polichinelle, pourvu qu'il n'ait pas conservé de *liaison*, dont le bris serait dispendieux.

Si les hommes possesseurs d'une *bonne situation* sont à ce point demandés, si, pour les surprendre dans les rêts matrimoniaux, mères et filles cumulent la prudence du serpent, la séduction des sirènes et la finesse du renard, nous devons reconnaître, pour être impartial, que du côté masculin le mercantilisme de la recherche est encore plus brutal.

Il s'ensuit que toutes les réunions mondaines, depuis le dîner sans cérémonie, jusqu'aux saisons d'eaux, en passant par le bal blanc et le *dancing club*, ont pu être justement désignées sous le nom de bourses du mariage. Rien n'y manque, ni la hausse ou la baisse des valeurs, suivant l'offre et la demande, ni les cours fictifs, ni les coups de fortune, ni même le détachement des coupons de... flirt, sorte de dividende délivré pour donner confiance dans l'exploitation à venir.

Je crois donc qu'un sexe n'a pas le droit d'en vouloir à l'autre de ses manœuvres et de ses mobiles intéressés : les deux sont coupables.

Mais n'est-ce pas autant la faute de l'époque que celle des individus ?

N'est-ce pas la conséquence presque inévitable de notre situation économique et sociale ?

Je n'aurais garde de m'en prendre à de tels problèmes, mais doit-on blâmer si fort la jeune fille qui, se préoccupant des conditions matérielles d'un ménage, n'écoute les conseils de son cœur qu'à travers la grille du comptable ?

Dans sa famille, n'a-t-elle pas continuellement assisté à la lutte pour l'existence confortable, pour le maintien ou l'augmentation du luxe — cet étiage de la considération d'autrui ? Ne s'est-elle pas trouvée en contact avec les mille difficultés de ce problème, se renouvelant chaque jour avec ces trois termes toujours plus inconciliables : *Paraître davantage.* — — *Recevoir moins. — Dépenser plus.*

Ne peut-elle se demander ce que deviendra son bien-être personnel, lorsqu'elle n'aura plus qu'une part infime de cette totalité suffisant à peine à la bonne marche d'une seule maison ? Comment satisfera-t-elle l'ensemble de ces besoins factices qui, dans l'esprit mondain, féminin surtout, constituent la somme des choses dont on ne peut pas se passer ?

Devons-nous aussi moraliser avec trop d'aigreur contre les jeunes gens qui étudient — plus froidement il est vrai — les mêmes questions et analysent les mêmes inquiétudes ?

Tout cela, sans doute, est infiniment triste ; mais ces individus, hommes et femmes, sont, avant tout, prisonniers des mœurs, des opinions, des nécessités du temps. Il faut, pour s'en affranchir, de l'intelligence, de la volonté et du cœur ; mais aujourd'hui, ces trois qualités ne se donnent pas toujours rendez-vous dans les mêmes âmes.

C'est ce qui explique la rareté des mariages d'amour. Quant à ceux qui les tentent, il faut les saluer comme des braves. Je ne parle pas, bien entendu, des mortels privilégiés de la fortune et du sentiment, qui s'offrent la délicieuse jouissance d'aimer... par-dessus le marché : ils n'ont rien d'héroïque. Mais j'honore ces êtres exceptionnels qui se lancent dans la mêlée, forts de leur amour, riches seulement de courage et d'espoir !

Peut-être seront-ils broyés par le formidable engrenage ; peut-être les retrouverons-nous, après quelques années, rejetés pantelants par

la roue du Destin ; peut-être aussi arriveront-
ils triomphants au port... Que sais-je ? Je n'ai
pas la force, en examinant ceci ou cela, de leur
donner tort ou raison : je crie Bravo ! parce
que je les estime.

Revenons au diapason normal, avec la classification des dots.

Trois réponses peuvent être faites à l'homme
jeune, mûr, ou vieux, qui, après avoir remarqué
une jeune fille ou entendu parler d'elle, prononce la question sacramentelle :

Combien ?

On lui dira :

— Elle n'a pas le sou, (expression aussi
répandue que peu galante.)

Ou :

— Elle a une dot moyenne ;

Ou encore :

— C'est une affaire d'or !

Donc trois catégories :

La première — celle qui n'a pas d'argent — immense et douloureuse cohorte des résignées, des misérables, des vaincues : victimes de nos préjugés, de nos lâchetés d'hommes et de nos nécessités sociales.

Il n'est pas besoin d'être révolutionnaire pour plaindre la femme, qui n'ayant voulu, ni se vendre, ni se donner, meurt d'une triple agonie : agonie de sa beauté, agonie de son cœur, agonie de son sexe.

Elle deviendra une vieille fille : temple aux parois noircies où, dans l'obscurité humide et triste des lieux inhabités, tremblotte encore, comme le feu d'une veilleuse sacrée, la dernière lueur d'une âme qui s'éteint ; autrefois, temple d'Eros, inondé de parfums, resplendissant de dorures et de fleurs. Mais personne n'en a ouvert la porte, laissant pénétrer le soleil et la vie : et le tabernacle, toujours, est resté vide d'un Dieu !

La seconde catégorie, celle des fortunes moyennes — celle de la classe bourgeoise, pour parler le langage du jour — fournit l'immense majorité de ces unions où il entre un petit peu de tout, même une teinte d'amour, comme nous le démontrerons tout à l'heure.

Quant aux *affaires d'or*, bien peu donnent, en revenus de félicité, ce que promettait leur étincelante aurore.

On envie les filles de millionnaires, de milliardaires, et cependant, j'ai sous les yeux deux lettres vraies qui résument la question de façon bien cruelle;

Je les donne en matière d'exemple, telles qu'elles ont été écrites, masquant simplement les noms des auteurs et ceux des destinataires.

Le vicomte Hugues de L...

au baron de S...

Mon très cher,

« Je viens de mettre en pratique votre théorie

favorite sur l'aristocratie actuelle, celle que vous avez si souvent développée dans nos causeries intimes.

« Les nobles, disiez-vous, ne peuvent plus aujourd'hui faire de politique, à moins d'être des ralliés, sorte d'eunuques, gardiens et spectateurs des joies... gouvernementales ; pour devenir artistes, hommes de lettres, industriels, il leur manque la volonté, l'intelligence ou l'argent. — Et vous ajoutiez en manière de conclusion : — Il ne nous reste vraiment que deux carrières, deux spéculations possibles : la colonisation et le mariage ! »

« Vous savez que mes goûts ne me portent guère vers la vie d'aventures, et qu'à l'auréole d'une mort glorieuse, je préfère les avantages d'une existence facile, oisive et copieusement dorée. Je me suis donc appliqué à réaliser la deuxième spéculation : celle des Justes Noces ! Et ma foi, je vous avoue que le succès dépasse mes espérances. Au prix où sont les princes, j'arrive, simple vicomte, à me négocier au-dessus du pair — 2,500,000 francs, sans les espérances. — Vous conviendrez avec moi que c'est fort respectable.

« Je ne puis m'empêcher, devant ce résultat, d'admirer la sagesse de la Providence, car, enfin, si j'avais eu la capacité ou l'énergie nécessaires pour devenir un explorateur, il m'aurait été impossible, avec la vente des dents d'éléphants ou des peaux de crocodiles, de parvenir à ce chiffre. Mieux vaut donc attendre la Fortune dans son lit — c'est bien le cas de le dire — que d'aller la chercher aussi loin.

« D'ailleurs, il était temps qu'elle se présentât, mon crédit s'épuisait et je n'avais plus le moindre rastaquouère à me mettre sous la dent. Un soir même, il y a trois mois, après avoir pris au cercle la culotte finale, les visions les plus sinistres m'envahirent l'esprit ; mais, sans m'y arrêter longtemps, comme bien vous pensez, je cherchai le moyen confortable, et matériellement inoffensif, de me créer une existence exempte de soucis. C'est alors que de vagues amis, auxquels il fallut promettre la forte commission, me présentèrent à la famille G..., honorablement connue et très appréciée dans la haute société industrielle. Le père, décédé depuis deux ans, était une manière d'inventeur ayant découvert je ne sais quel produit chimique extraordinaire, auquel il a dû sa fortune. La mère réalise, dans toute sa rondeur, le type de la bourgeoise solidement calée ; excellente femme, du reste, avec une tendance marquée au sentimentalisme. Quant à sa fille Jeanne, ma fiancée d'hier, je ne saurais vous la détailler minutieusement ; les personnes qui se sont entremises dans l'affaire me certifient qu'elle est d'un caractère facile et qu'elle possède des qualités multiples.

« Elle m'a paru assez peu jolie, mais ses yeux sont d'une extrême douceur. Voilà tout, je n'ai pas davantage creusé le sujet. Sans doute, je lui ai parlé, comme il convient, d'amour, de bonheur futur, de tendresse dévouée — il faut bien, n'est-ce pas, respecter la fôôrme et se servir des vieux clichés de nos pères. En personne bien élevée, elle a semblé s'intéresser à ce marivaudage, mais je ne la crois pas assez naïve pour avoir ajouté foi à mes déclarations. Je l'ai prise comme héritière, elle m'a pris comme vicomte, — du moins je le suppose, — le cœur, à mon avis, n'a que faire dans cette transaction. Nous nous marierons, voilà l'essentiel ; après quoi je continuerai mes habitudes, laissant ma femme très libre de s'en créer d'autres à sa guise, et la *bonne société* se trouvera augmentée d'un ménage riche, aussi propre que les autres à relever son prestige.

« Ma conscience essaye bien de me prouver, quand nous sommes seuls, que tout cela n'est pas joli, joli ; mais comme vous le dites excellemment, nous autres gentilhommes nous n'avons pas le choix.

« Savez-vous bien d'ailleurs que la réussite en pareille matière est chose fort difficile et qu'il y faut la plus fine diplomatie, pour acheter les concours, organiser les travaux d'approche, captiver les amis, les parents, imposer silence à la malignité, tisser en un mot les mille ligaments de cette toile d'araignée où la mouche dorée doit être prise ! Et que d'argent à donner, que de promesses à faire ! J'ai dû solliciter jusqu'à des décorations étrangères et des palmes académiques pour m'assurer des complices.

« Ah ! je pourrais écrire avec compétence le *Manuel du parfait coureur de dot,* et cet ouvrage — auquel l'Académie refuserait le prix de vertu — serait cependant d'une incontestable utilité, à une époque où le mariage constitue le seul procédé honnête de s'approprier les économies d'autrui.

« Et maintenant que vous voilà au courant, je compte sur vous, très cher, pour la bénédiction

nuptiale : vous y entendrez un éloquent discours sur l'excellence du mariage chrétien capable de réunir, dans un couple assorti, l'aristocratie de la race et celle du travail !

Ainsi soit-il !

Et tout à vous,

HUGUES DE L...

. . . .

Mademoiselle Jeanne G...
à Madame Christiane Du C...

« Je vois que tu as été singulièrement étonnée
de la question contenue dans ma dernière lettre.
Je te demandais, très indiscrètement, j'en con-
viens, si ton mari te rendait toujours aussi
heureuse, et à l'ardeur de ta réponse je constate, avec le plus grand plaisir, que tu n'as pas
cessé d'être une femme infiniment adorée.

Et tu ajoutes, dans ta confiante félicité :
« Comment en serait-il autrement au bout de
deux ans de mariage ! »

« Hélas ! certaines de nos amies de pension n'ont pas mis si longtemps à s'apercevoir que nos beaux rêves de jeune fille avaient parfois des lendemains cruels. C'est même à cause de ces exemples, que j'ai songé à l'interrogation qui t'a fort ébouriffée.

Mais tu ne dois pas comprendre grand'chose à tout cela, et je veux de suite te tirer d'embarras en t'annonçant la grande nouvelle : je me marie, et bientôt je serai madame la vicomtesse Hugues de L... Voilà précisément ce qui me rend anxieuse, car, malgré les meilleures apparences, malgré les protestations les plus tendres, la même obsédante question se présente sans cesse à mon esprit : Suis-je aimée pour moi ou pour mon argent ?

« Ah ! ceux qui recherchent avec tant d'âpreté ce misérable métal ne savent pas combien parfois il est à charge à ceux qui le possèdent !

« Te rappelles-tu, ma chérie, ces douces heures d'abandon que nous avons vécues côte à côte au couvent? Que de chimères caressées ensemble, que de beaux projets formés la main dans la main ! quelles illusions entrevues, qui peut-être, ne nous donneront que chagrin ! Alors, c'est moi qui étais insouciante et rieuse, et c'est toi que l'avenir effrayait.

« — Je suis pauvre, disais-tu, me marierai-je jamais ? Y a-t-il de par le monde un homme d'une âme assez désintéressée pour ne vouloir de moi qu'une tendresse passionnée et un dévouement sans bornes ? Ah ! s'il existait, comme je l'aimerais !...

« Et tu l'as trouvé, heureuse amie, cet être que tu récompenses de toutes tes tendresses, mais qui te donne, à son tour, la plus délicieuse vie d'ici-bas.

« Lorsque nous causions ainsi, tu me répétais souvent qu'en ma qualité de millionnaire, je n'aurais que l'embarras du choix. Evidemment je l'ai eu, le *choix*, si l'on désigne ainsi cette gamme attristante de prétendants, qui va du con-

ducteur de cotillons au vieux général, comman-
deur de plusieurs ordres, en passant par tous
les décavés du cercle et du sport.

« Peut-être me trouveras-tu d'un pessimisme
bien amer, mais si tu savais quel écœurement
on éprouve devant les cupidités mal déguisées,
et combien je suis lasse d'entendre murmurer
sur mon passage ce jugement cynique des déni-
cheurs d'héritières :

« — Vous savez, elle a le sac ! »

« Jamais en moi on ne regarde la femme ; on
ne voit que le tas d'or à prendre !

« Que de fois j'ai pleuré, ma pauvre chérie, et
que de fois j'ai envié ton sort ! Je ne suis guère
savante dans la science de la vie, mais il me
semble que nos coutumes sont mauvaises. Pourquoi doter les jeunes filles ?

« Si elles se trouvaient toutes au même niveau
de richesse — ou plutôt de misère — l'homme,
en les épousant, prendrait réellement une compagne, et non plus une valeur de portefeuille.

Ceux qui ne se sentiraient pas le courage de gagner la vie de leur femme et de leurs enfants resteraient célibataires — et je crois que nous n'y perdrions pas énormément.

« Mais tu le vois, ma chérie, j'en arrive à une philosophie bonne tout au plus pour quelque bas-bleu de revue académique. N'est-il pas entendu, en effet, que les questions graves doivent nous demeurer étrangères? On nous permet les futilités, les chiffons, même les flirts à ce qu'il paraît ; on nous veut dans un cadre de fleurs, avec des sourires aux lèvres, et quelques brindilles d'amour à éparpiller çà et là, mais ce que ces messieurs refusent d'admettre ; c'est que nous ayons le droit de réfléchir.

« Et cependant, ils sont là, en face de nous, avec leur science — leur charme quelquefois — leur duplicité souvent, représentant le plus redoutable des problèmes. Nous devons les accepter, sans pouvoir les étudier, puisqu'il nous est seulement permis de regarder notre acquisition après le notaire, le maire et M. le curé.

« Que je suis bavarde, mon Dieu ! et que je dois donc écrire de bêtises ! Et puis, j'ai si peu traité la véritable question, que tu vas sans doute croire, en m'appliquant les réflexions qui précèdent, que je représente une victime con-damnée au sacrifice.

« Non, je fais plutôt de la philosophie d'*appréhension* : quand mon fiancé n'est plus près de moi, mon imagination vagabonde, et des pressentiments m'envahissent qui, ensuite, me paraissent insensés.

« Brûle cette lettre un peu folle, et dis-moi bien, avec ta sage expérience, que j'ai raison d'avoir confiance.

« Mon futur mari — il faut bien que j'en parle — me semble fort gentil ; on reconnaît dans ses manières, dans son langage, une distinction de race, et je crois que son cœur est excellent. Il me murmure de très jolies choses, en baissant les yeux comme s'il n'osait me regarder, et cette ombre de timidité me plaît infiniment.

« Hier, pour la première fois, se mettant respectueusement à mes genoux, il m'a dit : « Je vous aime !... »

« Oh ! répète-moi bien que le plus exquis des mots humains ne peut pas être un mensonge ! L'angoisse que j'ai ressentie, en l'écoutant, le frisson de peur qui m'a glacé le cœur, ne sont, n'est-ce pas, que des hallucinations maladives ? J'ai tort de me montrer méfiante et de refuser quelque chose de ma vie à celui qui loyalement vient me donner la sienne ?

« Il me faut ton affectueux appui, ma chère Christiane, et pour le grand jour je compte sur toi ; j'aurai besoin de me sentir entourée de tous ceux qui m'aiment, afin que devant Dieu, et en toute sincérité, je puisse faire de moi le suprême abandon ! »

JEANNE G...

. . . .

4

Il n'est donc que trop évident, hélas ! Que l'intérêt précède, accompagne le mariage, et même lui survit, si nous en croyons les théories du docteur anglais Blackwall. Selon lui, les intentions et les sentiments, avec lesquels deux époux s'unissent, ont une influence jusque sur leur descendance, transmettant aux enfants des *qualités caractéristiques.*

C'est peu encourageant, mais cela explique bien des choses !

A côté de cette dose d'intérêt presque fatalement existante, quelle est maintenant la dose moyenne de sentiment ?

Nous l'avons chiffrée mathématiquement par 1, alors que nous accordions le chiffre 3 à la première ; voyons maintenant ce que cela donne au point de vue psychologique.

Toutes choses se trouvant réglées au mieux, les parties étant d'accord sur les questions de fortune, de famille, de respectabilité bourgeoise ou d'ancienneté nobiliaire, d'avantages futurs, d'influence, de santé, etc., on dit au cœur : « Maintenant, mon cher organe, vous avez la parole. »

Va-t-il la prendre ? Mon Dieu, je ne dis pas que chez l'homme, il arrivera à parler correctement un langage dont, jusqu'ici, il n'a guère connu que les solécismes ; mais enfin il s'exprimera de façon suffisante pour faire illusion à l'autre cœur — et à lui-même !

Quel que soit son scepticisme, il est bien rare qu'un peu de griserie ne lui vienne pas, quand, insensiblement, l'âme de vierge s'entr'ouvre devant lui à la chaleur du premier rayon d'amour.

Mais cette émotion qui, parfois, peut donner naissance à un sentiment durable, n'est souvent qu'un feu de paille dont les lueurs s'éteignent, en même temps que s'évanouit, dans le ciel conjugal, le dernier croissant de la lune de miel.

Il en est ainsi parce que, dans notre vie de

garçon, n'ayant jamais profité que de l'envers
des ménages, nous professons sur les femmes,
sur l'amour, sur les sentiments en général, des
idées très souvent fausses. Nous arrivons alors
au mariage, sans lui donner dans notre esprit
son caractère définitif, irrévocable.

Il en est bien qui disent avec désinvolture :
je fais une fin ! — et qui semblent tracer une
croix définitive sur les folies d'hier et les tentations de demain ; mais tout en se prenant eux-
mêmes à la solennité de leur déclamation, ils
éprouvent une impalpable jouissance de vanité,
quand, du plus obscur coin de leur être, ils entendent une voix, d'eux bien connue, qui murmure
tout bas : « Eh ! eh ! petit bonhomme vit
encore ! »

Mon Dieu ! oui, il vit le petit bonhomme ; il
se tient coi pendant les diverses cérémonies,
écoutant, avec beaucoup de componction, les
discours civils et religieux ; il fera le mort, tant
que son intervention serait jugée intempestive.

Puis, par un beau jour de printemps, après quelque tournant conjugal un peu brusque, son propriétaire sera tout étonné de voir, dans la glace de sa conscience, la figure de son petit bonhomme, guilleret et pimpant.

Pour la femme, les choses ne vont point si simplement. C'est trop une créature de sentiment pour qu'elle ne donne pas le meilleur d'elle-même, quand s'ouvre, dans le mariage, le chapitre du cœur. Là, commence le roman que toutes les jeunes filles ont rêvé, quelle qu'ait été l'importance de leurs ambitions pratiques.

Aussi s'engagent-elles sans arrière-pensée, sans esprit de retour ; et par là elles sont meilleures et plus sincères que nous. Les questions sérieuses une fois traitées, elles veulent se consacrer au plaisir d'être aimées et à celui d'aimer.

Il est bien rare, quand arrive l'heure du serment irrévocable, qu'elles entrevoient comme possible dans l'avenir l'idée d'une tromperie.

Est-ce leur sensibilité qui les abuse, ou leur

confiance en nous qui leur donne cette foi première dans le bonheur possible ?

Ne serait-ce pas tout simplement — comme nous venons de le dire — parce qu'elles valent mieux que nous ?

Quoi qu'il en soit, pour elles surtout, le réveil dégrisé des lendemains de rêve devient cruel, car, dans l'écroulement de ses illusions, leur cœur, qui avait tant espéré, va d'abord au drame, avant de se résigner à la comédie.

Après toutes ces considérations, que reste-t-il à conseiller ?

Faut-il demeurer dans le doute peu encourageant de Rabelais ?

Devons-nous suivre l'opinion de saint Paul disant : « En se mariant, on fait bien ; on fait mieux, en ne se mariant pas. » — Ou bien répondre, comme Mlle de Nangis à son père : « Faisons toujours le bien, fera le mieux qui pourra ! »

Il est une légende japonaise qui, dans sa gracieuse philosophie, va conclure pour nous.

Les sept dieux du bonheur, dit-elle, se réunissent une fois chaque année — dans une commission supra-céleste, je suppose, — pour arranger les mariages à venir.

Ils tiennent des écheveaux de soie rouge et blanche : les fils du destin. Tout d'abord ils assortissent soigneusement les fils, ce qui fait les unions heureuses. Mais bientôt ils se fatiguent, ceux-ci pensant à autre chose, ceux-là dormant ou bavardant, et ils arrêtent les nœuds au petit bonheur.

De là l'enchevêtrement inextricable des soies multicolores, qui produit les ménages embrouillés — de ceux que nous connaissons tous, où rien ne subsiste, qu'un *modus vivendi* conventionnel entre des âmes séparées.

VII

L'ÉTAT CONJUGAL

———

Dans une société qui reconnaît la nécessité d'une évolution constante vers le progrès, dans une humanité dont les éléments physiques et moraux, continuellement, se transforment, une seule institution — le mariage — reste établie sur des bases soi-disant immuables. Il repose sur la triple fiction de la perpétuité des sentiments, de l'amour, et de cet attrait pour lequel, cherchant une périphrase, je ne trouve qu'une épithète : sensuel.

La philosophie, la science, l'expérience ont beau nous démontrer la fragilité de ces bases et la folie d'une telle entreprise. Rien n'y fait ! Nous connaissons la mobilité de toutes choses, nous jouons même assez volontiers du scepticisme, cela ne nous empêche nullement d'engager notre existence entière dans des liens indissolubles, supposant sans doute que le mariage produira sur nos sentiments humains l'effet d'un fixatif sur les pastels.

Théorie superbe ! Idéal lumineusement beau, s'il pouvait être complètement réalisé, mais, les livres saints l'ont dit, notre nature, qui rêve d'infini, n'est que poussière et fumée : construit-on avec cela des monuments éternels ?

Et ce qu'il y a de plus curieux, c'est notre étonnement de désabusé quand se détériore cette trame d'hyménée, sur laquelle nous avions brodé des serments pour la vie.

Ne savons-nous pas, qu'ici-bas, tout s'use et passe !

Phaon avait écrit sur le sable du rivage :
« J'aimerai Sapho jusqu'à mourir ! » Sapho
reconnut l'écriture de Phaon et s'agenouilla
pour baiser ces mots sacrés, mais le flux ne lui
en laissa pas le temps : la mer les effaça d'une
lèvre jalouse !

Ne se rappelle-t-on plus cette légende, lorsqu'on veut édifier une institution sur ce sable
que le flot du temps vient toujours niveler ? Ou
bien, croit-on que Cupidon, en se mariant,
entre dans la magistrature assise et devient ina-
movible.

Non ! ce dieu est tout aussi volage sous les
toits conjugaux que sous les autres ; et même
souvent les quitte-t-il plus volontiers, ayant été
obligé d'y venir officiellement. Mais il peut, en
se retirant, se faire remplacer par un collègue
plus sédentaire : l'affection !

Laissons là les images, abordons la discussion.

Si le bonheur d'un ménage est rare, c'est

qu'il exige une infinité de conditions, très dif-
ficiles à réunir et à maintenir.

Nous supposerons, d'abord, que ce ménage
n'a pas commencé par un malentendu, ou qu'il
n'a pas une origine exclusivement intéressée,
ou qu'enfin il ne se trouve pas composé d'éléments trop disparates. Il rentrerait alors dans
les unions condamnées d'avance.

Nous prendrons, au contraire, des époux ayant
comme entrée de jeu un certain capital sentiment. Nous verrons dans l'*Art d'être mari* —
car c'est de lui surtout que cela dépend —
qu'il ne faut s'en montrer ni avare, ni prodigue.
On doit user d'habilité, ménager ses dépenses,
sachant que ce capital ne sera pas inépuisable,
et qu'aucune *spéculation* ne pourra le reconstituer.

En d'autres termes, il est prudent d'agir vis-
à-vis de l'amour comme le morticole vis-à-vis
d'un client atteint d'une maladie mortelle : le
prolonger le plus possible.

Quand peu à peu on sentira cet amour s'atténuer, comme se brouillent les couleurs d'une lanterne magique d'où la lumière insensiblement se retire, on devra encore conserver la foi de sa présence, prolonger l'illusion et mentir à son cœur. Celui-ci alors, sans brusque secousse, s'habituera à l'affection, dont je parlais tout à l'heure, il fera bon accueil à cet hôte nouveau et se consolera avec lui, dans sa douce influence, du départ de son brillant mais infidèle prédécesseur.

Et maintenant, pourquoi l'amour qui, d'ailleurs, n'est jamais éternel s'use-t-il si vite entre mari et femme ?

A cela plusieurs raisons :

D'abord ils ont trop souvent le tort de le transformer en ustensile de ménage, de s'en servir à tout propos et de le mêler à une infinité de préoccupations dont il n'a cure. Il n'aime pas à se voir traité aussi cavalièrement.

Regardez ceux qui le cultivent pour lui-même,

en dehors de la loi et de la morale, il leur faut, pour sacrifier sur ses autels, toute une effervescence, toute une flambée d'ivresse et d'inspiration !

Les gens mariés ne font pas tant de sacrifices pour les frais du culte. La somptuosité du décor peu à peu disparaît ; ils deviennent chiches sur le luminaire, l'encens et la musique, et se limitent à l'accomplissement des simples cérémonies, que certain philosophe a fort spirituellement appelées : les messes blanches de l'amour !

Ensuite, comment un sentiment aussi délicat, aussi aristocrate même, ne serait-il pas mortellement atteint par ces mille blessures d'intérieur : piqûres d'agacement et de jalousie, discussions d'intérêt, revendications inopportunes, défaillances de tenue?...

On ne cherche pas assez à éviter ces causes, infiniment petites et cependant destructives, jugeant sans doute que l'on a devant soi assez de temps pour en atténuer les effets.

Mais, si faible que soit la goutte d'eau, elle enlève sa parcelle, et la fissure se creuse, par où le bonheur tout entier peut s'échapper.

La passion libre s'entretient de sa précarité même; les difficultés, l'aléa de la possession ajoutent à l'excitation, jettent de l'huile sur le feu. Dans le mariage, la table est toujours mise; ce qui ne se consomme pas aujourd'hui se consommera demain. Que servirait d'être pressé? La facilité, la quiétude, le confortable des tendresses amènent l'habitude et Cupidon, ayant horreur des habitudes et des manies, file à l'anglaise!... Les régalades improvisées, les imprudences, les folies même, tout cela rentre dans son domaine; il dédaigne les horaires qui ne permettent ni les collisions imprévues, ni les trains facultatifs.

Le dieu une fois envolé, le prisme évanoui, le moment arrive d'étudier scrupuleusement cette science de la vie commune, qui apprend à ne pas se briser contre les nombreux récifs dont l'océan conjugal est hérissé. La sagesse consiste à côtoyer les difficultés, à essuyer les tempêtes, à réaliser tous les éléments de félicité demeurant encore négociables, et à composer, pour ainsi dire, un *omnium* des joies et des peines. Les sceptiques malintentionnés pourront appeler cela : l'art d'accommoder les restes ; les impressionnistes en matière de passion jugeront incolore cette teinte rose pâle ; la méthode n'en est pas moins la seule capable d'assurer une majorité de jours tranquilles et même heureux.

Etant donné les conditions de tout ordre, dans lesquelles un ménage naît, subsiste et meurt, il importe, pour le juger bon, passable, ou mauvais, de le prendre, non pas à une époque déterminée de son évolution, mais de le considérer dans son ensemble, en comparant les produits mathématiques de son *omnium*.

Que la qualité des mariages soit excellente

ou pire, leur *gamme* comprend toujours un certain nombre de notes usitées dans la plupart des cas. Mais, tandis que les uns présentent l'aspect d'une page criblée de triples croches, surchargée de bémols, de dièzes et d'accidents multiples, les autres offrent, au contraire, un concert de rondes, de blanches et d'agréables points d'orgue, entrecoupés seulement, pour en rompre la monotonie, de quelques brèves appoggiatures.

Deux êtres, très différents l'un de l'autre peuvent s'aimer, au sens strict du mot, mais l'amour parti, leur est-il facile d'arranger leur existence commune, sans trop de cacophonie?

— Non, dit l'expérience ; et en voici la raison :

Une concordance absolue est nécessaire entre les désirs, les facultés, les besoins d'un époux, et la *puissance de satisfaction* possédée par l'autre relativement à la totalité de ces dispositions. Si la concordance est seulement partielle, le bonheur aussi sera partiel.

Souvent on dit : tel homme ou telle femme me donnera certainement le bonheur parce qu'il ou elle possède les qualités nécessaires à cette satisfaction de mes goûts spéciaux, voire même de mes passions particulières — chaque individu, d'ailleurs, ayant les siennes, qui le caractérisent. Puis, à l'usage, on s'aperçoit que les apparences, toujours faciles à revêtir, y étaient seules, mais que la faculté particulière de satisfaction — celle qu'on a cherchée — ne s'y trouve pas.

Il ne suffit pas, d'ailleurs, qu'elle existe complète au début, puis demeure immuable. Il faut encore qu'elle suive les modifications que le caractère de l'autre conjoint subira lui-même d'après les circonstances, l'âge, les situations ou telles causes extérieures et intérieures. Si l'accord ne se maintient pas, comme entre deux instruments jouant ensemble, telle union excellente deviendra détestable, et vice versâ.

D'innombrables précautions sont donc indispensables pour que le char nuptial — garni, au début, de guirlandes fleuries, transformé, pendant la route, en voiture confortable ou utile, en carrosse de famille ou même, ce qui est regrettable, en omnibus — repeint, consolidé, réparé, rapiécé, arrive, malgré les ornières, les chaos et les intempéries, au terme de son voyage.

Si, au contraire, les éléments indispensables ne se trouvent pas réunis, nous tombons dans les ménages à *péripéties*.

La péripétie commence à l'agonie des sentiments de solidarité affectueuse, se continue dans une période d'hostilités, pour aboutir, *in fine*, à un dénouement que notre morale réprouve.

Arrivés là, lesdits ménages ont trois alternatives :

— Le divorce, très en faveur, peut-être parce qu'il libère les hommes et déclasse les femmes ;

— La séparation amiable, excellente pour entraver la félicité légitime des complices;

— L'application d'une charte autorisant l'indépendance... et même les licences de chacun — charte masquée, pour le monde, sous des espèces décoratives. Personne ne s'y trompe d'ailleurs, mais on a l'air de respecter un principe : il y a une foule de pontifes à qui ce transparent vertueux suffit, quitte à se livrer, par derrière, à toutes les ombres chinoises.

Il y a une quarantaine d'années, Michelet écrivait :

« L'homme vit séparé de la femme, parce que socialement, religieusement, économiquement, l'homme va trop vite et la femme reste en arrière. »

Si l'un et l'autre vivent encore séparés, ce n'est plus tout à fait pour les mêmes causes, car la femme a presque regagné son retard et cherche à marcher de pair avec son seigneur.

Sur les questions d'intérêt, de situation, ils s'entendent mieux, comprenant la nécessité de rester associés en raison de l'âpreté de la lutte; mais ils n'ont plus, l'un dans l'autre, la foi du cœur.

L'homme ne croit *plus assez* à la femme ;

La femme ne croit *pas* à l'homme !

Cela tient aux raisons que j'ai déjà énumérées, et aussi à l'exécution intime du mariage.

N'est-il pas une fin pour Lui et un commencement pour Elle ? D'où cette conclusion, que l'un cherchera à s'économiser et l'autre à se dépenser.

Une femme de jugement et d'esprit me résumait ainsi ce point particulier :

« Lorsque nous nous marions, disait-elle, nous ne songeons pas exclusivement à l'exécution de ce qu'on nomme le devoir conjugal, qui est, pour vous autres hommes, une très grosse préoccupation. Après les sensations déjà vécues, vous attendez celle-là avec une émotion, une cu-

riosité de dilettante ; vous synthétisez en elle
l'impression du mariage, et comme elle ne
peut pas tenir bien longtemps ce qu'elle avait
promis, vous voilà désarçonnés, désillusionés,
affichant l'ironie des bonheurs légitimes, et
bientôt retournant aux autres.

« Nous, au contraire, nous envisageons,
d'abord, une multitude de satisfactions latérales,
procurées par la métamorphose de jeune fille en
femme, par la possession d'un mari, d'un
ménage, du monde, de la liberté de connaître,
de voir et d'entendre. Cela ne nous empêche
pas de penser aussi au doux plaisir d'amour,
mais pas dans le même sens, pas dans la même
tonalité que vous : nous jouons encore en
mineur.

« Donc, tout en écoutant, avec intérêt, le professeur qui nous explique la science des sensations, ne sommes-nous pas, du premier coup,
des écolières enthousiastes. Cela vient ensuite,
par une lente initiation, mais alors, l'orsque

nous atteignons le diapason normal, notre professeur, lui, n'y est plus. Fatigué, ennuyé, découragé ou distrait, il ne s'aperçoit pas toujours que sa Galathée, autrefois de marbre, est maintenant de chair vibrante et... attentive !

« Il se trouve alors avoir préparé un merveilleux instrument, dont un autre découvrira la clef... »

La question sensualité, d'une influence si prépondérante dans les libres amours, perd une partie de son importance dominatrice dans le ménage où l'un ignore quand l'autre est trop savant, où celui-ci prend appétit, quand celui-là n'a plus faim.

Il y a des cas où, pendant une certaine période, la concordance existe parfaite, cas supérieurs et rares, démontrant que le bonheur n'est pas toujours un vain mot.

Mais, en général, lorsque la femme découvre le parti qu'elle peut tirer de sa puissance physique, le mari n'est plus apte à en subir la fascination. Elle se rabat alors sur les autres moyens de direction, qu'elle découvre presque toujours, mais elle se résignera difficilement à gouverner par la politique d'expédients, alors qu'elle rêvait de règner en *maîtresse*.

C'est le pouvoir cher à toutes les filles d'Ève, qui nous courbe esclaves soumis devant leur majesté rayonnante et quelque peu corruptrice.

Quelques-unes éprouvent de ce regret une si cruelle meurtrissure, qu'elle vont exercer ailleurs l'empire de leurs caresses, se refusant à laisser périr, inutile, une beauté qu'aucun homme n'aurait adorée.

Beaucoup, parmi celles qui manquent de beauté, de sens... ou d'illusions, se créent des centres d'agitation : elles deviennent ambitieuses, tiennent des bureaux d'esprit, d'art, ou des comptoirs de charité.

Celles-ci, comme celles-là, ne reviennent au mari, que lorsqu'elles ont besoin de lui pour l'expédition des affaires courantes.

Enfin, il en est qui se résignent à ne plus être femmes pour elles-mêmes, voulant seulement le rester pour les autres : créatures exquises de consolation et de charme, compagnes dévouées qui pardonnent nos défaillances et cicatrisent nos blessures, mères bénies dont le sourire a illuminé notre berceau, et qui, tant que la mort ne l'éteindra pas, l'emploieront pour nous masquer les souffrances de la vie.

VIII

L'ART D'ÊTRE MARI

Alors qu'aucun talent ne s'acquiert sans un travail persévérant, nous estimons pouvoir appliquer du premier coup, sans préparation, le plus utile, mais aussi le plus subtil et le plus dangereux de tous les arts : celui d'être mari !

A cela je ne vois guère qu'une excuse, c'est qu'il ne rentre pas toujours dans les arts d'agrément.

Essentiellement variable dans son objet, il exige, en même temps qu'une réelle science psychologique, la délicatesse du doigter et le sens du gouvernement.

A part les caractères généraux communs à toutes les femmes, chacune d'elles renferme une enigme, cruelle pour les uns, exquise pour les autres, presque toujours fertile en sur-prises. C'est là le premier inconnu à dégager ; mais, tout en déchiffrant le sphinx, faut-il encore ne pas laisser voir trop vite qu'on a compris la devinette.

Il est plus difficile encore de gouverner sa femme que de la choisir ; et cependant, si la plupart d'entre nous la choisissent en borgne, ils la gouvernent en aveugle. Aussi l'auteur de la *Physiologie du mariage* a-t-il recommandé au mari d'être comme un cavalier montant un cheval sournois, qui ne perd pas de vue ses oreilles.

D'après ce prudent avis, il ne suffit pas d'une attention quelconque, mais on doit se livrer à une analyse consciencieuse de son su-jet, portant sur ces trois points principaux : son esprit, son cœur et... cette troisième chose qu'il est très difficile de *substantifier*, mais dont on peut cependant causer en la dissimulant sous un terme vague : le tempérament.

Un de ces trois éléments domine toujours les deux autres et constitue ce que la tactique militaire appelle la clef de la position. La première difficulté consiste à la découvrir, et la seconde à s'en emparer. Pour cela, le mari fera bien de se préparer des armes et de se ménager des moyens d'action répondant aux catégories susvisées : intellectuelle, sentimentale et physique.

Occupant dans le ménage une situation analogue à celle d'un ministère devant la Chambre, il devra compter avec l'opposition et ne jamais se laisser mettre en minorité.

Si je me reconnaissais la compétence de lui tracer une ligne de conduite, je l'engagerais, d'abord, à discerner la satisfaction primordiale, que sa femme a recherchée en l'épousant, — en

d'autres termes, l'idéal qu'elle s'est fait de lui.
Cette satisfaction, cet idéal peuvent être d'ordre bien différent, relever de l'intérêt, de l'ambition, de l'orgueil, de l'esprit ou de l'amour ; mais, quels qu'ils soient, il importe autant que possible de les remplir.

Si vous ne procurez pas la jouissance escomptée, cela vous sera rarement pardonné.

On voulait les triomphes du luxe, peu importe que vous donniez l'amour ; on désirait briller en politique, peu importe que vous soyez un brave homme, courageux à la lutte ou simplement résigné ; on espérait la gloire, et vous n'apportez que la médiocrité dorée ! Aux yeux de votre femme, vous n'aurez jamais qu'une seule vertu : celle qu'elle avait rêvée !

Si vous n'y pouvez atteindre, tant pis pour vous, car, lésée dans ses espérances sur cet article spécial, elle commencera de fâcheuses comparaisons et vous en voudra de s'être trompée dans ses calculs.

— Second point : sachez entretenir le plus longtemps possible cette illusion que vous êtes un être supérieur. Faut du prestige !... surtout dans le mariage, et quand vous constaterez, en filtrant certains regards, que la bactérie admirative ne s'y trouve plus, tenez pour certain que votre repos est à la merci d'une complication extérieure.

Je sais bien qu'il n'est pas donné à tout le monde d'être un homme supérieur, — métier d'ailleurs bien ingrat par ces temps de jalouse et basse démocratie. Mais là comme partout, il suffit de le paraître.

Un mien ami, marié depuis de longues années, qui, à défaut d'autres mérites, avait une certaine intuition du machiavélisme conjugal, me disait, en me parlant de sa femme :

« Comme je ne peux pas la subjuguer par mon esprit, je l'étonne par mon silence ! »

Que de gens, en effet, passent pour profonds parce qu'ils n'ont jamais rien dit !

A part ce moyen facile, il en est d'autres,
plus compliqués, que les intelligences atten-
tives sauront déduire d'après les circonstances, et suivant la perspicacité de la contre-
partie.

Il me paraît, en outre, de bonne politique
d'éviter la dépendance. Cela ne veut pas dire
qu'il faille manquer de prévenance, de bonté,
de qualités conciliatrices, mais de là à revenir
aux mœurs de la vieille Égypte, où les maris
juraient obéissance à leurs épouses, il y a un
abîme.

Je n'ignore pas que la chose se rencontre
encore tous les jours, mais elle est illogique,
puisqu'on dit dans ce cas : « Madame porte les
pantalons ! »

On reconnaît donc bien, au propriétaire de
ce symbolique vêtement, le droit de comman-
der.

Maintenant, que vous abandonniez les apparences du pouvoir pour en conserver la réalité,

ceci est de la fine diplomatie que je ne saurais trop admirer.

— Troisième point : Ne jamais laisser l'ennui entrer chez vous. Le jour où l'esprit de votre femme aura pris l'habitude d'aller, en dehors de votre domaine, faire l'école buissonnière, non seulement il y prendra goût, non seulement il entraînera le cœur à sa suite, mais l'un et l'autre, un beau jour, finiront par rester accrochés à quelque églantier fleuri, et les épines vous piqueront jusqu'au sang, si vous tentez d'aller les y reprendre.

Donc, pas de monotonie : le calme plat précédant toujours les plus terribles tempêtes. Pas trop de solitude non plus : c'est le moment que choisissent tous les diablotins fourchus de la tentation pour donner l'assaut à une âme hésitante.

A ce propos, doit-on être, comme les phares, un époux à feux fixes ou intermittents ? Je n'ose trop me prononcer, la fixité étant susceptible de produire la fatigue et l'agacement, l'intermittence laissant le champ libre aux suggestions étrangères.

Je veux bien qu'il soit quelquefois bon de s'absenter pour raviver la flamme d'une affection qui... *charbonne*, mais si la solitude peut devenir un moyen efficace, elle constitue aussi une arme, à double tranchant, fort dangereuse.

Enfin, il y a aussi le cas du prince de Conti, que certains prédestinés méditeraient avec fruit.

Etant en voyage, il écrivait à la princesse : « Je vous recommande, madame, de ne pas me faire c... pendant mon absence. — Soyez tranquille, monsieur, répondit-elle, je n'en ai jamais envie que quand je vous vois ! »

Le meilleur moyen de gouvernement vis-à-vis d'une femme, c'est de savoir l'aimer. Elle a tout cœur dans son jeu ; il n'y a qu'à jouer dans sa couleur pour gagner la partie.

Et qu'il en faut peu, souvent, pour ramener à soi une âme indifférente, ou même hostile ! Elle se fond au souffle tiède d'une tendresse, comme la neige au premier souffle de printemps.

La recette du bonheur se résume donc en ceci : avoir le génie de l'amour !

C'est connaître assez sa femme pour pouvoir, à chaque instant, mesurer le degré de son affectivité.

C'est savoir comprendre tout ce qui se passe en elle, sur un regard, un soupir, sur un plissement imperceptible du front ou des lèvres. Rêve-t-elle ? Pense-t-elle ? Subit-elle le frémissement d'un désir ou l'affolement d'un caprice ? Faut-il un baiser pour détendre sa tristesse ou matérialiser sa joie ?

C'est posséder la science de l'opportunité des caresses ; car, si amateur de musique que l'on soit, il y a des jours où la plus belle sonorité irrite. L'habileté consiste à discerner le moment propice pour risquer une harmonie sentimentale ou sensuelle.

C'est surtout l'art de gagner sa confiance, toute sa confiance. Un philosophe l'a dit : « Sur la terre, elle ne se méfie que d'un être, de vous ! »

En multipliant les manifestations d'amitié attentive, de franchise, de dévouement, vous parviendrez à dissiper cette inquiétude méfiante, et vous serez aussitôt récompensé de vos efforts, par la possession du plus puissant préservatif contre l'infidélité : *la confession conjugale !*

Cette créature féminine si craintive, si moralement débile, — qui sans cela eût été peut-être hypocrite et sournoise, — se sera habituée à venir vous conter ses faiblesses ; et lorsque la crise approchera d'elle, — car il en est bien peu qu'elle épargne, — elle fuira le danger au lieu d'obéir à son charme de fascination, et viendra dans vos bras, tout près d'un cœur dont elle connaît l'indulgente bonté, afin d'y trouver protection contre son trouble et contre elle-même.

La nervosité, — facteur considérable dans la détermination et les actes de la femme, — ne doit jamais être négligée par le mari. Celle que Vigny appelait « l'enfant malade et douze fois impure », celle, à qui Michelet reconnaît à peine huit à dix jours d'équilibre stable dans chaque mois, se trouve inconsciemment soumise à cette force nerveuse. Elle en tire son éclat, son rayonnement, son charme : mais aussi elle peut en mourir, comme ces cordes trop sonores qui se brisent sous l'effort de la vibration.

J'ai vu quelque part une comparaison entre cette nervosité et la colonne de mercure ou d'alcool d'un baromètre. On ajoutait que tout homme, soucieux de son repos et de son honneur, devait, chaque matin, consulter le baromètre conjugal, afin de pronostiquer le temps qu'il ferait dans la journée, et de s'entourer, en conséquence, des précautions nécessaires. C'est tout un talent, pour ne pas prendre son parapluie par le soleil et sa canne en temps de giboulées.

— Déjà sur nos pauvres êtres la prépondérance de l'élément physiologique sur le moral est telle, que la question de responsabilité se pose redoutable et inquiétante.

Quand il s'agit de la femme, le problème devient encore plus troublant. Son âme étant comme le centre d'un *bourdonnement* de sensations, conserve-t-elle entière la netteté de son jugement ? Sa volonté, par suite, demeure-t-elle indépendante ?

Sans émettre d'opinion compromettante, recommandons, vis-à-vis d'elle, deux vertus essentielles : l'indulgence et la patience !

L'indulgence, parce que ses fautes elles-mêmes sont essentiellement relatives.

La patience, car il ne faut rien créer d'irrémédiable sur ses vivacités d'impression — si passagères, qu'elles ressemblent aux orages subits de l'été, dont les ondées finissantes reflètent des lueurs d'arc-en-ciel !

Ouvrant ici une parenthèse, je voudrais parler de deux choses qui se tiennent assez étroitement : l'honneur de l'homme, le tempérament de la femme.

Pourquoi laisser le premier dans la dépendance du second ?

Le tempérament est une disposition particulière, avec laquelle on naît, comme on vient au monde avec de la mémoire, de l'esprit, de la violence de caractère, des aptitudes spéciales, etc... — Il résulte de la structure physique, de la santé ou de la maladie : les circonstances le développent ou l'apaisent, mais ne l'engendrent pas.

A mon sens, on devrait donc reconnaître une limitation de la responsabilité de la femme, d'après sa dose de tempérament, de *réceptivité* sensuelle, si vous aimez mieux.

J'ai écrit : limitation de responsabilité, et non suppression, voulant éviter cette objection faite si souvent :

« C'est une théorie fort commode, dit-on, avec laquelle il n'est plus de mérite à la vertu, ni de culpabilité au vice ! »

— Non, mais elle diminue, tout au moins, ce mérite et cette culpabilité.

Femme de feu, femme de glace ne sont pas que des expressions de roman. Réalités vivantes, le monde, pour une faute identique, les frappe d'une réprobation *égale* ; mais il est une justice plus haute que celle d'ici-bas, qui mesurera la peine à la liberté réelle que chacune d'elles aura eue, de céder ou de résister à la tentation.

Dans un acte de cet ordre, sait-on ce qu'il entre exactement de folie, de demi-lucidité, ou de raison ?

Les juges qui condamnent, l'opinion qui flétrit, cherchent-ils à apprécier ces éléments ? On se contente simplement d'employer les clichés usuels : « Femme perdue ! » — « Mari deshonoré ! »

Pourquoi perdue ? Disposez-vous de la clairvoyance divine ? Avez-vous pesé, une à une, les conditions de la faute ? Savez-vous même si elle existe au point de vue de la morale absolue ? Et même, en l'admettant, où trouvez-vous le droit de nier la rédemption ?

Pourquoi mari deshonoré ? Sans doute en vertu de cette autre phrase toute faite : « Les femmes sont ce que les maris les font ! » — Je comprends qu'elles répandent cette formule pour s'innocenter ; mais, quoique vraie parfois, il n'est pas plus juste de la généraliser, que de rendre toujours un capitaine responsable de la perte de son navire ! Peut-être a-t-il fait son devoir, sans pouvoir triompher de la faiblesse de son bâtiment et de la fureur de la mer.

Dans ce cas, le conseil de guerre acquitte!...

— Le monde, lui, n'acquitte jamais !

Il juge, tranche, calomnie, se moque, avec son insouciance ignarde et superficielle. Et puis, il tient à ses plaisanteries, n'ayant rien trouvé de plus bouffon, depuis Adam et Ève, que de voir un monsieur gagner du pain « à la sueur de son front », pour élever, chez lui, les enfants... du serpent.

Mais alors, pourquoi ne rit-on plus, quand madame est trompée ?

Un dernier mot relatif aux infidélités.

Il en est de *cœur* et de *sens*, sur la criminalité desquelles, comme on vient de le voir, il y a lieu de plaider le doute; en revanche, je me sens impitoyable pour ces autres, froidement consenties pour des raisons de vanité, de vengeance, de curiosité, d'ambition ou de cupidité.

Maintenant fermons la parenthèse, et revenons à notre mari que nous avons laissé au chapitre de la patience.

Puisque nos mœurs le constituent le professeur de sa femme, puisque, — d'après la fiction, — celle-ci est censée tout ignorer et celui-là tout connaître, que doit-il lui apprendre ? que doit-il lui cacher ?

Oh ! la question est fort délicate ; aussi négligeant les détails dont la minutie braverait l'honnêteté, me contenterai-je d'esquisser ce principe :

De même que l'on proportionne la dose de science à la capacité d'un cerveau, à son âge, à sa vivacité de compréhension, de même, il me paraît bon de doser l'initiation *sensuelle* d'après la nature de l'élève, s'arrêtant si l'étude ne lui plaît pas, se conformant, s'il y a lieu, au crescendo de son appétit pour les connaissances nouvelles, n'oubliant jamais les préceptes de la prudence, mais aussi de la logique naturelle.

Ici, comme en toutes choses — et je n'en dirai pas plus long — la franchise portera de meilleurs fruits que l'hypocrisie.

Puisque ce chapitre se résume en un programme de paix, c'est assez dire que je réprouve les diversions radicales, les mesures inquisitoriales ou coercitives, les moyens tirés de la jalousie, de la méfiance, du droit et de la force. Je ne conseillerai pas aux maris la lecture du code de Hambourg, « qui autorise, sur l'épouse, l'application d'une correction... manuelle »!

Tout cela constitue des maladresses, et Balzac nous dit que les maladresses, en pareille matière, font éclore « les fleurs du plaisir. »

Est-ce toujours vrai? Qu'elles détruisent le bonheur d'un ménage, je n'en disconviens pas ; mais conduisent-elles fatalement au péché d'Ève?

La femme d'aujourd'hui, — c'est là notre sujet, — vaut peut-être mieux que sa réputation. Sans doute, les apparences sont parfois équivoques ; elle côtoie le danger, le fait naître, rôde fiévreuse autour du gouffre, mais, avant le consentement, elle sait aussi s'arrêter, se reprendre, effrayée, non pas tant des difficultés d'exécution, que de la *déchirure d'âme,* qu'elle soupçonne irréparable !

Un tissu moral, fait d'honnêteté instinctive, de religion sincère ou de mysticisme, de pudeur, d'éducation ou même de préjugés, entoure cette âme, la protège ; et, si frêle que nous semblions le croire, c'est encore sur lui, beaucoup plus que sur nous-mêmes, que nous comptons pour garantir notre sécurité conjugale.

IX

ETATS EN MARGE DU MARIAGE

—————

En marge du mariage, nous trouvons les veuves, les séparées, les divorcées et... les irrégulières.

Sur ces dernières tant d'auteurs ont écrit, tant d'autres écriront encore, attirés par la recette, que pour toute philosophie à leur sujet, je ne borne à rappeler la parole du Christ pardonnant à la pécheresse, et ces beaux vers du poète, s'inspirant de la même indulgence :

> ...Cette fange d'ailleurs contient l'eau pure encore.
> Pour que la goutte d'eau sorte de la poussière
> Et redevienne perle en sa splendeur première,
> Il suffit — c'est ainsi que tout remonte au jour —
> D'un rayon de soleil ou d'un rayon d'amour !

Laissons donc aux romanciers le soin de nous en parler, aux moralistes le souci de les juger, aux confesseurs la faculté de les absoudre.

Le lien conjugal n'apparaît jamais aussi fort qu'au moment où il se brise. Il est comme ces minces ficelles qui ne cédent, malgré leur apparence, qu'à une tension énergique, et vous laissent aux doigts de cuisantes blessures.

Après la rupture on reste étonné et on souffre.

C'est là ce qui explique le chagrin de certains époux devenus veufs, auxquels la vie conjugale, cependant, semblait amère, et la tristesse de quelques divorcées, qui ne croyaient pas leur cœur engagé dans l'affaire. Souvent, sans que l'on s'en doute, dans les ménages les plus lézardés, poussent de ces petites végétations du sentiment, germant dans les anfractuosités et les fissures, comme les fleurettes sauvages qui s'accrochent au flanc des ruines.

Et puis, on s'était accoutumé à une foule de choses qui, brusquement, font défaut : les habitudes de toutes sortes, les querelles même, le simple bruit d'un être s'agitant autour de soi, avec qui on a vécu, si brèves fussent-elles, quelques heures de joie.

Certes, si les mariages pouvaient se conclure et se continuer d'après la théorie idéale, la douleur des irrémédiables séparations serait, pour tous, également cruelle. Chaque survivant subirait cette épreuve atroce de voir des lèvres chéries se glacer sous ses baisers, et de sentir la créature tant adorée s'échapper de ses mains, de ses bras, de son étreinte, pour s'effondrer dans la mort !

Il vaut mieux, n'est-ce pas? que le mot inconsolable ne soit pas aussi souvent humain.

Est-il très féminin?

Sans doute, les femmes excellent à mettre en scène le chagrin, à se draper dans des crêpes dont la frissonnante noirceur recouvre parfois l'aurore de très roses pensées. Au dix-huitième siècle, les veuves surmontaient leur coiffure « d'un catafalque de goût, entouré de petits amours jouant avec des torches d'hyménée. » Aujourd'hui, elles construisent des monuments, comme cette veuve de l'Etat de Virginie dépensant 2.500.000 fr. pour le mausolée de son époux ; elles brûlent des cierges, accumulent les messes — frais inutiles puisque leurs maris, souvent, ont fait leur purgatoire avec elles ; — elles se plaisent, enfin, à toutes les manifestations extérieures, ne craignant pas d'en exagérer les côtés tragiques... ou artistiques.

Pour tout cela, leur douleur est-elle plus sincère, et surtout plus durable ?

On hésite, en de semblables matières, à répondre avec la statistique, et, cependant, il faut bien reconnaître que son argumentation est irrésistible.

En France, dit-elle, au compte deux millions de veuves pour un million de veufs, donc :

1° Elles tuent plus vite leur homme ;

2° Elles résistent mieux à leur malheur. Ce dernier point est doublement prouvé, puisque *cinquante* maris se suicident pour ne pas survivre au trépas ou à l'abandon de leur femme, alors que *quatorze* seulement de ces dernières se résolvent à une aussi funèbre extrémité.

Les autres... oublient!

Plus soudain, plus intense même dans certains cas, leur amour dure moins. Dante disait de lui :

> ... poco dura
> Se il tolto o l'occhio spesso nal riaccendo !
> (Flamme qui s'éteint vite, si de tendres baisers ou des
> regards ardents ne viennent la raviver).

Il y a pourtant des exceptions, et sans insister sur l'histoire de la femme de Brutus avalant des charbons ardents afin de rejoindre plus vite son époux, on peut citer les coutumes de l'extrême orient.

Les veuves chinoises, en effet, considèrent comme un déshonneur de contracter un second mariage, et se pendent publiquement après la rupture du premier.

Les veuves de l'Hindoustan, aussi, se précipitent et meurent sur le bûcher où se consume le cadavre de leur mari.

Je n'en demande pas tant d'ailleurs, et mieux vaut encore l'oubli que cette inutile barbarie.

L'oubli!... n'est-ce pas, après tout, la conséquence de cette loi de transformation qui régit l'univers? N'est-il pas le baume indispensable à toutes les blessures de la vie?

Les plantes, les arbres se chargent de floraisons printanières après la mort de l'hiver; Pourquoi le cœur n'aurait-il pas aussi ses pousses et ses fleurs nouvelles?

Souhaitons-lui seulement des saisons plus longues!

La veuve, ayant l'indépendance, l'expérience, la libre disposition de sa fortune et de sa personne, devrait faire prime au point de vue matrimonial.

Pourquoi lui préfère-t-on la jeune fille ?

Il y a à cela une foule de raisons, dont une multitude de préjugés.

Nous attachons d'abord une grande importance à l'*intégrité* physique des femmes, plus encore qu'à leur intégrité morale. Dès lors, leur *expérience*, au lieu d'être un avantage à nos yeux, devient une moins-value.

Ensuite, nous sommes toujours jaloux de leur passé, aimant à nous battre contre des souvenirs, comme Don Quichotte avec les moulins à vent.

Contrairement à la saine raison, l'avenir nous inquiète moins, notre fatuité n'admettant pas qu'on puisse envier un sort meilleur, lorsqu'on a le bonheur d'être attaché à notre personne.

Si donc la veuve a fait preuve, dans ce fameux passé, d'aptitudes sentimentales, nous supposons

que l'amour étant déjà venu en visite connaît
le chemin de la maison.

A ce propos, je voudrais reproduire un
raisonnement masculin qui m'a toujours semblé
bizarre : mes contemporains recherchent, — en
mariage, bien entendu, — les femmes qualifiées
froides, estimant que, si cela devient urgent, ils
sauront se transformer en fabricants d'allumettes
conjugales, — (Ils ne songent pas à la contrebande). — Mais devant les créatures plus franches ou
plus vigoureuses qui semblent avoir la précieuse
étincelle, ils reculent, supposant méchamment
que d'autres l'y ont mise — comme si le désir
d'aimer n'était pas le résultat naturel d'un
excellent équilibre !

— Troisième raison de l'infériorité des veuves :
Nous n'aimons pas à nous trouver en présence
des enfants d'autrui. Ils sont la preuve vivante
de la *faute* !

Je dis faute, tout rapport sexuel accompli en
dehors de nous nous apparaissant comme émi-

nemment grave, tandis que si nous avons été l'acteur principal, il devient une sublime vertu.

— Enfin, quatrième raison : nous restons toujours soupçonneux au sujet de ce que l'Eglise appelle la période de viduité. Sait-on jamais, avec toutes les tentations qui courent, ce que peut devenir cet état intérimaire ?

C'est là, d'ailleurs, ce qui rend la position de veuve si difficile ! Se montre-t-elle trop ? on l'accuse de légèreté. Demeure-t-elle en son logis ? c'est sans doute pour dissimuler une intrigue. L'indépendance devient audace, la retenue hypocrisie !

Flirte-t-elle, comme une jeune fille ? alors il y a anguille sous roche !

Oh ! nous ne sommes guère indulgents, croyant difficilement qu'une femme puisse se garder toute seule.

Cette erreur explique le quasi déclassement dont nous frappons toutes celles qui rentrent dans cette catégorie des états en marge du mariage, — déclassement atteignant surtout les séparées, parce qu'il n'est aucune issue légitime à leurs aspirations de tendresse, et les divorcées, que la religion condamne et que le monde n'absout jamais entièrement.

Une récente statistique, — pardon de cette récidive ! — établit qu'en huit ans les divorces se sont élevés au nombre de *quarante mille !* Chiffre que jamais les séparations de corps n'avaient atteint pendant une période égale, prise avant l'application de la loi Naquet.

Ce législateur s'est donc cruellement trompé, lorsqu'il nous garantissait les bienfaits de son invention. Selon lui, les premières années devaient être les plus chargées en ruptures, mais, après cette liquidation des ménages véreux, les unions futures seraient d'autant plus fortes que chacun des conjoints sentirait la fragilité du lien commun.

En pratique, c'est tout l'opposé qui vient de se produire. Une foule de gens, qui ne songeaient pas à s'échapper du mariage, profitent de la porte de sortie largement ouverte, trouvant la solution facile et le changement agréable.

L'histoire fournit à ce sujet de curieuses remarques :

— Du jour où le divorce est introduit dans un pays, sa proportion va toujours en augmentant.

— Son application a coïncidé, chez tous les peuples de l'antiquité, avec le commencement de la décadence et de la dissolution morale.

— On en arrive très vite à la rupture du lien conjugal par consentement ou... caprice mutuel.

Autre point intéressant : Le mari, presque partout, avait l'obligation de rendre la dot et de payer une indemnité. Telle était la loi chez les Juifs, du temps d'Hérode, en Crète, à Athènes, à Rome, en Egypte où l'époux était complètement dépossédé, dans l'Inde où il perd encore le tiers de ses biens.

Cette restriction introduite dans nos codes arrêterait beaucoup d'impatients.

Quant aux causes du divorce, elles n'ont guère changé pendant la succession des siècles ; l'adultère se présente toujours en première ligne — la lessive du déluge a donc été insuffisante pour laver l'humanité de sa tache originelle.

Confucius avait établi en Chine sept cas de répudiation, dont un très original : le bavardage exagéré de l'épouse ! Ce Confucius était décidément un grand philosophe, surtout lorsqu'il édictait une semblable règle, et qu'il y ajoutait ce correctif plein de malice : « Ne pourra être répudiée la femme qui portera pendant trois ans le deuil de sa belle-mère ! »

Je n'invente rien : ce sont les textes sacrés. Dans l'ancienne Grèce, quiconque s'était séparé de son conjoint n'avait pas le droit d'en choisir un nouveau plus jeune que lui.

A Sparte, le citoyen, ayant des enfants en

nombre suffisant, pouvait disposer de sa femme en faveur de ses amis moins bien partagés. De là l'origine de ces associations polyandriques permettant à plusieurs frères d'avoir une épouse unique.

C'est plus que du divorce, et nous devons remercier M. Naquet de ne lui avoir pas assigné, chez nous, des limites aussi élastiques.

Dans l'Inde, nous retrouvons une coutume analogue : l'Hindou sans enfants pouvait essayer de s'en procurer en prêtant sa femme légitime à un frère ou à un autre parent de son côté. Ceux-ci alors : « devaient agir par une pensée de bon office et avec une grande préoccupation d'honnêteté. »

Finissons par Rome où l'adultère d'abord, l'empoisonnement, l'ivrognerie et la falsification, par la femme, des clefs de la cave entraînaient la rupture du mariage. Après la prise de Carthage et de Corinthe, les Romains, maîtres du monde, ne songèrent plus qu'à jouir de leur puissance, de leurs richesses, et à se libérer des règles de vertu austère qui les avaient conduits à l'apothéose. Leurs *justes noces* furent à ce point entamées par le divorce qu'il n'en resta pas grand'chose. Les grands eux-mêmes donnent l'exemple : César et Antoine contractent quatre mariages successifs; Cinna et Pompée vont jusqu'à cinq ; et Juvénal peut dire avec raison : « que les bonnes épouses sont devenues plus rares que le corbeau blanc ! »

De nos jours, on dit : « le merle blanc ! »

Étant donné notre religion, nos mœurs, nos idées, le divorce, quoi qu'on en dise, n'a pas encore reçu, chez nous, ses lettres de grande naturalisation. Il s'acclimate peu à peu ; avec le temps on s'y habituera sans doute comme à toutes choses, mais la situation actuelle d'une femme divorcée n'en reste pas moins extrêmement fausse. A-t-elle les torts ? On la condamne. Ne les a-t-elle pas ? On lui en soupçonne tou-

jours quelques-uns. Se remarie-t-elle? Les catho-
liques la traitent de concubine, les autres, en
tous cas, la considèrent comme plus susceptible de dérailler. Ne se remarie-t-elle pas? Elle
n'est, comme Cléanthis, ni fille, ni femme, ni
veuve ; on suppose son cœur exposé à tous les
vents, on la sent elle-même guettée par la
galanterie.

En songeant à elle, il se fait, dans l'esprit de
chacun, un travail, que je trouve exactement
décrit dans ces fragments de journal, crayonnés
au jour le jour par le futur mari d'une divorcée :

« ... *2 Mai*. — Je l'ai revue, et jamais,
comme ce soir, je n'avais été aussi profondément touché par la grâce de l'amour. Mon parti
est pris, je romps avec les préjugés, j'affronte
la calomnie et le qu'en dira-t-on : je l'épouse !...
Qu'elle est belle ! que je l'aime !...

« ... Je l'aime trop pour en faire ma maîtresse !

« ... *3 Mai.* — Pourquoi ai-je écrit hier ce mot de maîtresse ? Quelque chose m'autorisait-il à concevoir une pareille idée ? Antoinette n'est-elle pas la meilleure des créatures, la plus honnête ? La plus malheureuse aussi, victime des sévices et injures d'un mari odieux !

... J'ai donc songé à cette possibilité uniquement parce qu'elle est divorcée ! Cela résulte de la prévention instinctive que nous avons tous... D'autres aussi ont dû avoir la même pensée et me blâmeront de m'être forgé une chaîne là où il n'y avait qu'une amourette à cueillir.

... Je suis un misérable ! J'insulte et je doute.

... Pourquoi?... puisque j'aime !

« ... *5 Mai.* — Rencontré l'ami Roger, qui ne connaît pas encore ma détermination ; j'ai mis la conversation sur le divorce.

« Le monde, a-t-il dit, a beau ne pas être « pratiquant, il reste attaché à un certain catho- « licisme symbolique. Pendant longtemps

« encore, il croira bon de défendre l'intégralité
« du mariage, et considérera toujours le *se-*
« *cond* mari comme un usufruitier, alors qu'à
« ses yeux le *premier* restera le nu proprié-
« taire. Or, en matière de possession physi-
« que, tu sais comment ça s'appelle un usu-
« fruitier ? »

« ... Il a peut-être raison. Roger !

« ... *8 Mai.* — Lorsqu'une idée vous
domine, c'est singulier comme, à chaque
instant, on découvre dans les livres des pas-
sages ayant trait à votre préoccupation.

Je viens de trouver cette phrase dans un de
nos modernes psychologues :

« Le cœur d'une divorcée a toujours une
« brisure. Comme au vase du poète, il n'y
« faut guère toucher, car, si faible qu'ait été
« le choc, son pur cristal n'est plus in-
« tact. »

« ... Est-ce vrai, cela, du cœur de mon
Antoinette ?

« Serai-je aussi semblable à l'acheteur,
dont parle plus loin le même écrivain :

« Le second mari d'une divorcée, dit-il, est
« comme un acquéreur s'apercevant, après
« paiement, que les biens nouvellement acquis
« sont grevés d'hypothèques antérieures :
« hypothèques du sentiment, du souvenir, des
« premières sensations, des abandons de la
« chair et de l'âme ! Aussi passagère qu'ait été
« pour une femme l'intimité conjugale, les
« pages de son livre de virginité ne sont plus
« blanches : d'incompréhensibles hiéroglyphes
« les recouvrent, qui ne trahiront point leur
« mystère ! »

« C'est vrai qu'il y a là un formidable inconnu !
Le mari d'Antoinette avait tous les torts, elle
me l'a dit, le tribunal l'a reconnu, mais n'a-
t-elle pas aussi précipité la crise par quelque
défaut ? Je ne lui en connais pas... elle me
semble conciliante, bonne, charmante, exquise
enfin, mais, dans l'intimité, alors que tombent

les masques, les contraintes, que cessent toutes les comédies, qu'agonisent toutes les pudeurs ?

« ... Sévices et injures graves !... Je ne comprends pas que la loi ait admis une pareille cause de divorce ; rien n'est plus élastique, et cette rubrique englobe aussi bien les fautes de l'un que les vices de l'autre.

« Allons ! me voilà sur la pente glissante de la méfiance... Pauvre Antoinette ! n'est-il pas plus simple de croire ce que ses yeux me laissent deviner, ce que ses lèvres me disent, ce que son cœur me prouve !

« ... *10 Mai.* — Roger sait tout : il me désapprouve.

Comme je discutais avec lui, il m'a dit ceci : « La différence qui existe entre une veuve et « une femme divorcée, c'est que, le mari de la « première étant mort, on ne peut jamais le « rencontrer qu'en photographie ou en souve- « nir. — Le mari de la seconde se porte très « bien : tu le verras, on t'en parlera, et si tu

15***

« aimes ta femme, tu penseras à cette chose
« affreuse, qu'un autre être existe, qui a pu,
« avant toi, lui faire les mêmes caresses, lui
« dire les mêmes paroles d'amour. Vos deux
« pensées d'hommes pourront *se croiser vi-*
« *vantes* sur le même corps de femme !... C'est
« ce qui fait le déshonneur de la maîtresse,
« cela ne peut pas faire complètement l'hon-
« neur de l'épouse ! »

« ... *11 Mai...* Encore une comparaison
de Roger qui, décidément, voudrait me con-
vaincre :

« Lorsqu'on loue un appartement qui a déjà
« été occupé, on découvre partout des traces
« de l'ancienne habitation : des coins noir-
« cis, des trous dans le mur, des clous encore
« accrochés !... Dans l'âme, dans le cœur que
« tu vas habiter, tu trouveras de ces coins, de
« ces clous ayant peut-être supporté quelque
« grivoise aquarelle, de ces éraflures qu'il te
« sera impossible de couvrir, ta *tenture senti-*

« *mentale* ne pouvant se rappareiller exacte-
« ment aux dessins et aux couleurs de l'autre. »

« ... *12 mai.* — J'ai fait part de mon mariage.

« ... *20 mai.* — Les trois quarts de mes
amis mariés m'ont fait savoir que leurs femmes
ne recevraient pas la mienne avec plaisir, et
qu'il vaudrait mieux ne pas mettre de précipi-
tation à la leur présenter.

« Quel accès de pudeur chez ces gens, dont
la conscience digère à chaque instant quelques
petits adultères !

« Plus ils cherchent à m'écarter, plus ils flé-
trissent mon idole, plus je l'aime !

« ... Hélas ! je vais l'aimer comme une
maîtresse qu'on calomnie, pour laquelle on
souffre, mais que deviendrai-je si, dans l'avenir, mon amour meurt de ces affronts ressentis,
des difficultés, des tortures, et aussi de cette
jalousie du passé que je sens naître déjà ? »

. . . .

— Je vais répondre à cette question :

Il divorcera à son tour, tout simplement !

L'indissolubilité du lien conjugal peut être fort gênante, contraire même à nos instincts naturels, mais l'intransigeance même de ce principe communique au mariage un double caractère de moralité et de légitimité.

Dès l'instant que le principe est entamé, peu importe qu'on le viole une ou plusieurs fois. Cascades de maris, cascades d'amants, pour la femme qui subit les uns ou les autres, étiquettes à part, ce sont toujours des hommes !

Et si les étiquettes masquent la réalité des choses, elles ne la changent pas.

X

LA MORALE ET LA PUDEUR

Au moment d'écrire ce chapitre qui, de loin, me paraissait très simple, j'éprouve le plus cruel embarras. Après avoir étudié les traités philosophiques, compulsé les livres d'histoire, réfléchi sur l'ensemble des écrits et des actes humains, je me trouve à la tête d'une véritable collection de morales *relatives*, aussi stupéfait qu'un botaniste ayant recueilli, dans sa boîte de fer blanc, les mille variétés d'une plante qu'il supposait unique.

Comment dégager les principes absolus de

cette multitude de morales, plus nombreuses que les sables de la mer et les étoiles de la voie lactée, variant suivant les âges, les époques, les températures, les civilisations, les mondes, les religions, et au milieu desquelles on reste indécis, ne sachant plus ce qu'il faut penser, choisir et croire !

Je sens qu'une telle déclaration va effaroucher beaucoup de *superficiels ;* mais que ces superficiels me fassent crédit et veuillent bien raisonner un peu avec moi.

Prenons les choses de haut. Le texte de la Genèse est celui-ci :

« Dieu créa l'homme et la femme, les bénit et leur dit : croissez et multipliez, remplissez la terre et assujettissez-la. »

Pas de restriction ! Le seul but de l'humanité étant de se reproduire, de s'augmenter, de peupler la terre, aucune limite n'est fixée à cette procréation ; aucune barrière ne s'élève entre deux désirs, puisque leur satisfaction va faciliter la marche de l'évolution générale.

A cette époque donc, la morale consistait uniquement à faire des enfants n'importe où et avec n'importe qui.

Mais, objecte-t-on, rien ne se crée en un jour; l'humanité primitive était livrée à ses instincts, les religions vont lui révéler les règles de la vertu !

Quelles religions, et quelles vertus ?

Est-ce le Judaïsme, qui permettait à Salomon d'entretenir sept cents femmes, et à Jacob, mari de Rachel, d'avoir successivement des héritiers avec sa servante et sa belle-sœur ?

Est-ce l'Islamisme, qui consacre la polygamie ?

Le Polythéisme ? avec sa pluralité de cultes, et par conséquent de morales ?

Le Paganisme ? nous montrant les dieux, dans leur séjour éternel, livrés aux plus croustillantes intrigues !

Est-ce encore le Confucianisme? l'Indouïsme? le Shintoïsme? le Taouisme? Religions de la Chine, du Japon, de l'Inde, dont les fidèles, se chiffrant par centaines de millions, obéissent à des lois morales, à la fois différentes les unes des autres et différentes des nôtres !

Est-ce le Christianisme? — qui, tout en présentant l'idéal le plus élevé, se ramifie en d'innombrables confessions : Catholique, Protestante, Réformée, Luthérienne, Orthodoxe !...

Est-ce simplement le Catholicisme ? qui fait un devoir de la procréation illimitée, en même temps qu'une vertu de la chasteté perpétuelle !

Si du domaine religieux, nous passons au domaine philosophique, les divisions se multiplient, la mosaïque des principes devient de plus en plus polychrôme.

Ceux-ci proclament l'existence de l'âme; ceux-là ne voient que matière !

Les uns n'admettent que des sensations; les

autres démontrent la prédominance des sentiments !

Les libres penseurs estiment que l'homme
est assez grand pour édifier sa propre morale,
— donc autant de morales que d'individus.

Les socialistes cherchent à imposer une morale d'État.

Les opportunistes se contentent de la morale civique... Ils se contentent de peu.

Les Gouvernements, les rois, veulent une
morale pour le peuple, et les riches une morale pour les pauvres.

La morale du code n'est pas toujours conforme à la morale privée.

La morale du soldat ne ressemble pas à la
morale du bourgeois, qui diffère, à son tour,
de celle du prêtre.

Je ne vois guère que la morale financière,
ayant aujourd'hui de nombreux points de contact avec la morale politique.

— Toutes ces ramifications ont-elles une

souche commune, qui serait la vraie, l'absolue, l'irréductible morale?

Oui ! Et quelle que soit la façon dont on l'accommode, quelles que soient les déforma·tions qu'on lui fait subir pour la plier à toutes les exigences de nos intérêts et de nos vices, chacun sent que cette morale éternelle existe.

Elle existe, puisque nous avons des re-mords ! Or, qu'est-ce que le remords, sinon cette impression, réfléchie par la conscience, que nos actes ne se trouvent pas en concor-dance avec la notion instinctive d'un bien su-périeur et immuable ?

Mais assez de subtilités philosophiques, où nous risquerions de nous égarer, et revenons aux distinctions — puisqu'en matière aussi re-lative on est forcé de les subir.

Les deux morales, intimement liées l'une à l'autre, que nous ayons à examiner, sont : la morale féminine et la morale mondaine.

La morale d'une femme varie suivant qu'elle est jeune ou vieille, belle ou laide et surtout, suivant qu'*elle aime* ou *n'aime point.*

Le miroir de sa conscience est à facettes ; le prisme change si le rayon qui les traverse vient du ciel ou de la terre, du cœur ou de la chair.

Casuiste subtile, elle excelle à extraire des vertus de ses sensations, et cela, de la meilleure foi du monde.

Chaque femme a donc un peu sa morale, comme elle a sa religion. La première souvent dépend de la seconde, et toutes deux, à leur tour, dépendent des trois éléments fondamentaux : âge, beauté, amour !

— Jeune fille, elle combine la morale de convention, — résultat de l'éducation, — et la morale personnelle, très complexe, — fruit de ses recherches, de ses réflexions, de ses ignorances, de ses initiations passagères.

— Femme, elle se crée une morale conjugale, qui est de bien des sortes :

Est-elle heureuse? Vive l'honnêteté, la fidélité, l'indissolubilité du mariage !

Son bonheur s'estompe-t-il de quelques nuages ? Les compensations lui paraissent moins criminelles.

Est-elle trompée? La revanche devient presque un devoir !

— Maîtresse adorée, son indulgence s'étend à toute la nature.

— Flétrie ou délaissée, elle opprime le monde entier de sa vertu obligatoire !

En résumé, son cœur, — organe ou sentiment, — est un octroi qui accorde le sceau de la moralité à toutes les marchandises qui lui conviennent, n'hésitant pas, selon les besoins, à estampiller les articles de contrebande.

A propos de *moralité*, il est bon de distinguer en quoi elle diffère de la *morale*.

La morale réside dans nos opinions, nos croyances, nos pensées intimes, comme dans nos jugements extérieurs.

La moralité se trouve dans nos actes.

Mais ce qu'on affiche ou ce qu'on pense ne s'accorde pas toujours avec ce qu'on fait. Les hommes, en raison de leur force, de leur indépendance, de leur logique, sont plus responsables de cette contradiction que les femmes, chez qui, souvent, elle n'est que le résultat d'une *hypocrisie sexuelle* — hypocrisie imposée par les lois de la pudeur et l'étiquette mondaine.

— La pudeur est-elle instinctive ou acquise ? Provient-elle de la nature ou des mœurs, des habitudes, des conventious, des dogmes, de l'éducation ?

Elle résulte de tout cela à la fois : produit synthétique d'une multitude de causes, parmi lesquelles j'en relève deux, aussi remarquables que singulières : la sensualité et le vêtement.

— La sensualité, car on pourra bientôt baptiser ce paradoxe : les pudeurs ne sont pas
autre chose que de subtiles dépravations ! grains
de piment jetés dans la cuisine de l'amour, attrait du fruit défendu, irritation du désir
devant l'obstacle, griserie du péché. — Péché !
mot magique qui résume la philosophie des
passions, doublant la jouissance par la culpabilité !

— Le vêtement, car toute inconvenance est
relative et n'existe que par *comparaison*.

Pour démontrer cet axiôme, il suffit de parler de la morale mondaine — côté féminin.

Personne ne s'étonne de voir une femme, le
soir, avec les bras et les épaules nues ; elle-
même trouve la chose très naturelle et ne s'effa-
rouche pas outre mesure si son voisin exécute
un *feu plongeant*. Mais on considérerait
comme fort inconvenant qu'il soulevât sa robe
jusqu'à la naissance du mollet.

— *Donc, le soir, la pudeur féminine vient*

d'en bas et baisse, en haut, de 0,30 centimè-tres! (Le nombre des centimètres variant d'ail-leurs avec l'importance des... accidents de terrain.)

Aux bains de mer, au contraire, les passionnés d'esthétique peuvent admirer la nudité des jambes, pourvu que le maillot de leur propriétaire grimpe jusqu'au cou.

— *Donc, au bord de l'eau salée, la pudeur vient d'en haut, et se dégarnit vers les extrémités inférieures.*

Surprend-on Madame, en peignoir, dans son appartement? Elle doit rougir, si ce peignoir, mal boutonné, permet une échappée de peau à peine égale au vingtième de ce que découvre une robe de bal.

— *Donc, la pudeur, dans les appartements, est plus chatouilleuse pendant le jour qu'après le coucher du soleil.*

Autres considérations :

Sous prétexte de danse, on tolère des enlacements, des *plaquages* révélateurs, qui, dans toute autre circonstance, seraient de l'avant-dernière gravité.

Sous prétexte de littérature, Madame lit ce qu'elle n'oserait pas entendre.

Sous prétexte de galanterie, elle entend ce qu'on ne pourrait pas lui écrire.

Et, au théâtre, pour cause de pudeur publique, (autre variété), elle se scandalise de ce qu'elle lirait avec plaisir ou de ce qu'elle s'entendrait dire avec volupté.

L'ensemble de ces remarques prouve qu'un homme, très au courant de l'échelle des pudeurs, arriverait, avec de la patience, en choisissant ses heures et ses saisons, à tout connaître et à tout voir d'une femme, sauf une surface.....

Je m'arrête sur ce mot qui va me servir de qualificatif pour ce que nos mondaines actuelles appellent couramment leur honnêteté.

On voit parfois, dans les gravures de voyages au pôle nord, un malheureux ours blanc cantonné sur une étroite banquise flottante : il est réduit aussi à une surface.

L'honnêteté féminine, contrainte également à se réfugier sur une superficie restreinte, me fait un peu l'effet de cet ours blanc.

Je m'explique.

Une femme s'accorde le droit de décolleter ses robes et ses conversations, de faire les lectures les plus osées, d'assister aux spectacles les plus suggestifs ; elle peut, en conservant les apparences, donner et recevoir des baisers, se livrer à des concubinages de paroles, à des frôlements spirituels et à des caresses assez copieuses : son honneur reste sauf, dès l'instant qu'elle n'a pas été *jusqu'au bout.*

Pour elle, ne pas aller jusqu'au bout, c'est respecter l'intégrité de cette pauvre petite surface matérielle, (matérielle, car l'âme tout entière peut être perdue), échappée à l'indiscrétion de nos regards, sinon à celle de nos pensées et de nos désirs.

Tant que ce territoire n'est pas envahi, la femme est honnête ; — du moins, elle le croit, elle le dit très haut, s'en fait gloire et tout le monde la félicite de ce tour de force.

Me sera-t-il permis de ne pas me ranger parmi ces flatteurs intéressés et de souhaiter qu'elle rattrape un peu de terrain sur chacune de ses pudeurs, afin que son fameux territoire puisse reculer ses frontières !

XI

CELLES DONT ON NE PARLE PAS

Le bon La Fontaine constatait déjà de son temps combien il était difficile de contenter tout le monde ; de nos jours, la chose ne paraît guère plus aisée, et, si peu que l'on fasse d'analyse philosophique, on ne tarde pas à voir se hérisser certaines susceptibilités qu'on ne songeait nullement à froisser.

Je veux bien que la femme ait infiniment de qualités. Mais enfin, si beau que soit un ciel, il a parfois ses nuages et ses tempêtes, Elle aussi a donc ses défauts, et ne doit pas protester trop haut quand on se risque à en causer, puisque ce sont eux, souvent, qui nous la font aimer.

Quoi qu'il en soit, après la lecture indiscrète du chapitre précédent, quelques personnes scandalisées m'ont formulé, sur un ton sévère, l'objection suivante :

« Il y a les femmes dont on ne parle pas, monsieur ; qu'en dites-vous ? »

Mon Dieu, je n'en disconviens pas, il y en a ; mais je pourrais répondre que, semblables aux peuples heureux, elles n'ont pas d'histoire, ou encore que les âmes trop blanches n'offrent point à notre curiosité un suffisant attrait de... déchiffrage !

Tout cela pourtant serait inexact. Car les femmes dont on ne parle pas peuvent fournir un très fécond sujet d'observation, à la condition de ne pas les considérer d'après le sens que le monde attribue couramment à une semblable dénomination.

Ce monde — être impersonnel auquel il faut

toujours songer — se plait le plus souvent à décerner des brevets de vertu sur les seules apparences, et se sert de deux formules pour juger souverainement de l'honnêteté féminine :

— On n'a jamais rien dit sur Mme X..., déclare-t-il.

Ou bien :

— Mme Z... a fait, un peu ou beaucoup, parler d'elle.

On appelle encore cela : avoir une bonne ou une mauvaise réputation !

Là-dessus, Mme X... est rangée dans les *austères* et Mme Z... classée parmi les *inconséquentes*, ou mieux, parmi les créatures que l'on ne doit pas voir — mais que cependant tout le monde reçoit.

Celui qui lit dans les consciences sait que cette distribution de prix récompense plus fréquemment l'habileté que le mérite.

C'est un peu comme les décorations destinées à consacrer la valeur et l'honorabilité des citoyens : pauvres symboles éparpillés au hasard des services exceptionnels !

Enfin, il est encore un élément qui peut intervenir dans la répartition de ces étiquettes : la malignité des femmes entre elles, — celles qui se glorifient, faute de mieux, d'un certificat négatif, se plaisant à barbouiller d'un affichage accusateur la renommée d'une chère amie plus belle, plus entourée ou plus riche !

Aussi, sans nous arrêter davantage à ces catégories multiples, considérons la femme qui, réellement, n'a jamais égratigné la morale. Je pense que c'est bien celle-là qu'on a voulu me désigner.

Eh bien ! ne relève-t-elle plus de la nature humaine parce que, grâce à une énergique volonté, elle aura su triompher des tentations, ou bien que son bonheur intime aura été suffisant pour lui faire dédaigner les séductions illégitimes ?

Cela empêche-t-il qu'elle ait côtoyé, — quelquefois avec une imperceptible griserie, — toutes ces tentations et toutes ces séductions, dont nul d'entre nous n'est exempt, quels que soient son caractère, ses principes et sa religion !

Pour avoir été fidèle à son mari, cela prouve-t-il qu'elle ait négligé de se servir, — en sa faveur ou contre lui, — de quelques-unes de ses facultés bonnes, médiocres ou pires?

Celles qui ne tombent pas, en montant le calvaire de la vie, ont, comme les autres, une âme avec ses lumineuses clartés et ses recoins sombres, un cœur avec ses faiblesses, ses surprises, sa dose de fragilité originelle.

Si elles ont été assez fortes pour ne pas succomber à l'épreuve, courbons-nous très bas pour leur rendre hommage, mais lorsque, devant elles, on décrit la femme, c'est-à-dire l'être qui aime, qui souffre et fait souffrir en raison de sa puissance de sensibilité et qui atteint par là à de sublimes héroïsmes, mais aussi tombe parfois dans d'inexplicables erreurs, je crois

qu'elles n'ont pas le droit de répondre orgueil-
leusement : « Je ne suis pas de cette humanité-
là, je n'en serai jamais !

Elles ne sont pas d'une espèce spéciale,
appartenant plutôt à une caste, à une sélection
sociale ; mais, plus courageuses au devoir, elles
ont mieux résisté, ou bien l'existence leur a été
moins cruelle !

Enfin, le monde, pour établir le classement
dont nous parlons, n'envisage que les fautes
d'amour. En dehors d'elles, une femme a le
droit d'être parfaitement désagréable, — et
quelquefois plus, — pour son mari, ses enfants
et son entourage ; elle peut même cultiver les six
péchés capitaux restant disponibles, cela n'em-
pêchera pas *l'opinion* de lui décerner le fameux
brevet de vertu, en la rangeant dans les femmes qui ne font pas parler d'elles.

Ce qui prouve une fois de plus que le côté
passionnel est commun à toutes les filles d'Ève,

puisque c'est lui, et lui seul, qu'on examine et dont on tient compte.

A toutes ces interprétations ayant cours, qui, pour la plupart, sont injustes, hypocrites ou vaniteuses, combien je préfère cette définition de la vertu sincère :

« Elle ne montre rien, parce qu'elle ne croit avoir à s'énorgueillir de rien ; elle ne cache rien, parce qu'elle ne croit pas être regardée et ne s'attend pas à être louée ; elle n'est ni vaine, ni modeste, parce qu'elle est simple, parce qu'elle est vraie. »

Cela me rappelle encore cette phrase d'Arsène Houssaye : « Il y a des pensées qui s'élèvent de la terre comme la fumée, il y en a qui descendent du ciel comme des rayons : il y a aussi les femmes de la terre et les femmes du ciel ! »

... Par une neigeuse matinée d'hiver, alors que tout dort encore dans les logis douillets, et

que les *vertus brevetées* reposent sous les
édredons soyeux, une petite Sœur des Pauvres
s'en va à travers la brume glaciale d'une nuit
qui s'achève ! Elle aussi pourrait être à l'abri
sous quelque coquette tenture : sa famille était
riche; mais, dans l'ardeur de sa foi, ayant re-
noncé à ce qui paraît le bonheur d'ici-bas, elle
chemine, de porte en porte, pour mendier le pain
de ses chers déshérités, auxquels elle a déjà
fait l'abandon de sa vie.

Dans cette œuvre de renoncement, elle se
rencontre avec une autre femme, qui, elle aussi,
cache l'âme d'une sainte sous ses vêtements de
grande dame ou de bourgeoise. Toutes deux,
pieusement, montent aux nids de misère, avec
elles apportant le doux rayon d'espérance. Parfois un ouvrier passe qui, malgré les haineuses
théories politiques, les salue et se dit dans sa
philosophie primitive mais si juste : les voilà
les vraies femmes dont on ne parle pas !

Et, en effet, ce sont elles, les légionnaires du

sacrifice, qui forment la radieuse phalange, avec toutes ces autres secourant les humaines tortures : les résignées qui acceptent sans plainte les martyrs injustes, les simples qui connaissent seulement de la vie le roman de la douleur, les héroïques qui, dans les climats de mort, vont porter aux victimes lointaines la suprême charité de la patrie.

La liste en est longue et glorieuse, et de toutes on peut dire :

« L'amour y a passé, l'amour y est resté! »

Certes, il ne s'agit pas de celui qui met aux lèvres les baisers fleuris, mais de cet autre amour plus grand, plus pur, qui, dans une vision d'infini, dispense les énergies surnaturelles.

Le meilleur médecin, a-t-on dit, est celui qui aime le plus.

Voilà pourquoi la femme connaît si bien la science de soigner et l'art de guérir.

Elle confesse la souffrance et la devine; elle a l'intuition des consolations qui apaisent, avec le secret des caresses immatérielles ; elle sait, au plus fort des angoisses et des désespérances, faire monter aux yeux desséchés quelques-unes de ces larmes suaves, à travers lesquelles l'âme attendrie espère et pardonne !... Et si, dans ses bras, on commence l'éternel sommeil, sait-on distinguer le dernier sourire de la femme, de la première extase céleste ?

Enfin, elle pousse le dévouement jusqu'à se laisser prendre à son ivresse. Combien de ses passions même commencent par la pitié ! Toute sa force d'affective compassion se trouve attirée vers un chagrin qu'elle soupçonne, elle se penche sur le cœur endolori, et finit souvent, prise de vertige, par chérir son malade.

Mais puisque avec elle, et par le chemin du sentiment, nous voici ramenés au profane, laissons retourner à leur obscurité bienfaisante celles dont nous avons indiscrètement *parlé*, et qui sont, à mon avis, les réelles et uniques *silencieuses*.

XII

RELIGION

La formule de nos Robespierrots, déclarant que « la religion est bonne pour les femmes », a quelque chose de vrai, mais dans un sens bien différent de celui qu'ils lui prêtent.

Elle est juste, si elle signifie que l'idéal religieux, nécessaire aux hommes malgré leur orgueilleuse logique et leur prétendue supériorité intellectuelle, s'harmonise plus étroitement encore avec les facultés de l'âme féminine.

La femme est essentiellement une créature d'amour et, par conséquent, de foi.

Athée, elle devient un contre-sens : la plupart des aspirations spéciales constituant son féminisme sont neutralisées ; tout ce qu'il y a en elle de mysticisme sentimental, de charme indéfini et mystérieux, se matérialise, dès que, dans son esprit, la lueur sacrée agonise et s'éteint.

Avec ses tristesses, ses désespérances extrêmes, ses solitudes, ses *dépressions*, elle a besoin de se confier à un Dieu, puisque l'homme, trop souvent, ne l'écoute qu'à travers un baiser, et qu'après, il n'a plus le temps de comprendre !

Et le Dieu, auquel elle va avec le plus d'ardeur, c'est Jésus « Le Dieu du cœur » — « l'époux mystique » qui console de l'autre ou le remplace, le Divin Maître du Christianisme, religion dont l'abstraction philosophique se concrète dans un symbolisme poétique.

Quand je dis que les femmes vont à Dieu, ce n'est pas toujours exact : elles vont à l'église, — ce qui est différent ! Comme ce Prince exilé

dont parlait récemment un éminent prélat :
elles ont plus « de dévotion que de religion »
— plus de religiosité que de foi.

Tout en haut de la sphère sociale, le luxe, le
plaisir qui blasent, ont anémié la croyance ; en
bas, la souffrance l'a tuée. Elle l'a tuée, n'en
étant plus consolée, depuis la Chanson Nouvelle
sur le Paradis exclusivement terrestre.

En général, la femme s'imagine Dieu plus
petit qu'il n'est. Renversant la proposition de
la Genèse, c'est elle qui le façonne à son image ;
elle en fait un Dieu de préférence et de caprice,
qui se mêle de toutes ses petites combinaisons,
épouse parfois ses rancunes, favorise ses désirs
les plus... laïques, et ferme les yeux, ébloui
par les cierges qu'elle brûle pour sanctifier une
passionnette.

On composerait presque un Dictionnaire —
travail de bénédictin — en énumérant simplement les diverses formes que revêt sa religion.

Contentons-nous d'écrire les têtes de chapitre.

— La première forme, c'est la sincérité ; et, quoi qu'en disent les sectaires ou les ambitieux, ce culte, fait de convictions réelles et de fraternelle charité, deviendra plus fort, à mesure que la vie sociale fera banqueroute à ses engagements de jouissance, et que s'écrouleront partout les humaines chimères.

A côté de l'original, les reproductions plus ou moins pures :

— La dévotion est la meilleure peinture de la religion vraie, mais la bigotterie en représente la caricature. Entre l'une et l'autre, cependant, quelle subtile nuance ! La première peut n'avoir pas d'hypocrisie, la seconde en a toujours.

Du temps de la Bruyère, les deux expressions étaient synonymes, aussi écrivait-il : « C'est trop, contre un mari, d'être coquette et dévote ! »

Ces défauts ont l'air contradictoires, mais ils vivent très bien ensemble, se donnant mutuellement plus de prix : la coquetterie fleurant l'encens, la dévotion ayant la senteur du parfum à la mode.

Parmi les femmes allant à l'église, combien s'y rendent par habitude, convenance mondaine, ou parade ? Combien y entrent par *sensualité* religieuse ? Combien y prient pour causes d'amour ?

Oh ! que je ne voudrais pas être l'archange chargé de débrouiller tout cela et de tenir un tel registre ! Quelle finesse il lui faut, et quelle patience, pour discerner, dans cet inextricable fouillis d'intentions, la part de Dieu et celle des hommes !

Comme au catéchisme, procédons par demandes et réponses.

Qu'entend-on par culte de parade ?

Par là, j'entends cette religion toute décorative et conventionnelle, « *qu'il faut avoir* », qui fait partie de la bonne éducation, qui est comme la toilette de l'âme, et comprend, entre autres manifestations :

— L'assistance aux offices, aux heures consacrées par le bon ton (à Paris, 11 h. 1/2 ou 1 h. — en province, messe de Monseigneur ou de Monsieur le curé).

L'état d'âme d'une *fidèle* pendant lesdits offices, est à peu près celui-ci :

(Elle lit un précieux missel, aux délicates enluminures, « vêtu d'argent sur parchemin. »)

... *Pardonnez-nous nos offenses, comme nous pardonnons...* (Tiens ! Madame X... a encore une nouvelle robe... où cette pécore, que je déteste, prend-elle tout son argent ?)... *à ceux qui nous ont offensés !*

... *Ne nous laissez point succomber à la tentation...* (Le beau Jacques me regarde du coin de l'œil ! — Le fait est qu'il est charmant... Ah ! si j'étais sûre qu'on ne le sache pas ?...) ... *Mais délivrez-nous du mal. Ainsi-soit-il.*

Acte de Charité... *J'aime mon prochain comme moi-même...* (Voilà Madame de S...,

Frédéric ne doit pas être loin !... Parbleu, il se glisse derrière un pilier... — Et l'imbécile de mari qui ne se doute de rien !... Décidément il faudra que je le mette sur la voie... n'est-ce pas un acte pieux de combattre l'immortalité ?)

A L'ÉLÉVATION... *Mon Dieu ! J'ai un extrême regret de vous avoir offensé...* (Je me suis fait une coiffure qui dégage la nuque — et il paraît qu'elle est très surexcitante, ma nuque ! — ... Baissons un peu plus la tête, pour que Jacques en profite !...) ... *Je fais un ferme propos de ne plus pécher et d'en faire pénitence !*

— L'audition du prédicateur en vogue, — du dominicain aux larges manches retroussées, à la parole pénétrante, qui, dans l'ombre crépusculaire de l'église, agite d'un frisson son élégant auditoire, par ces simples mots : « Les châtiments de l'œuvre de chair ! »

— La participation aux bonnes œuvres

recommandées, rendez-vous de toutes les chères madames.

On ne sauve plus les petits Chinois, mais : « il y a tant de misères à soulager !... » La phrase vous est dite à un five o'clock, par une de ces chères madames, occupée à savourer, en chatte, une succulente friandise. Les misères à soulager l'intéressent beaucoup moins que la confection de sa boutique au prochain *bazar* de charité — bazar de tous les péchés distingués où la charité n'est que l'impôt du Diable.

— La religion de campagne (spécialité pour châtelains, allant à l'église pour *donner l'exemple* aux fermiers, tenanciers, serviteurs, et aux petites gens du bourg, à qui il est bon de montrer qu'on reste sur un pied d'aimable intimité avec le bon Dieu, considéré comme le plus ancien des aristocrates).

Qu'entend-on par sensualité religieuse ?

C'est aimer la religion pour sa mise en scène,

pour ses émotions à la fois artistiques et mystérieuses, qui agissent exclusivement sur la nervosité.

Ce n'est plus l'âme s'élevant d'un bond, au-
dessus du monde, pour aller s'abîmer dans la
pure essence de la Divinité ; c'est l'âme se
créant, par les perceptions du corps, une impression factice et matérielle de cette Divinité.

En Orient, cette sensualité mystique conduit
au fanatisme. Chez nous, elle accompagne en
général le culte de la femme, qui ne peut comprendre et aimer les vérités surnaturelles sans
les symboliser.

Et puis, c'est presqu'une caresse que cette
onction voluptueuse qui l'envahit pendant les
cérémonies, les prédications éloquentes ; c'est
presque une jouissance que de remuer les péchés
intimes avec son Directeur, d'en faire la trem-
blante mais coquette narration, d'en avouer la
récidive, d'en accepter la pénitence en même
temps que le pardon. Comme pour un moment

ensuite on se sent pure, dégagée, bonne, chari-
table ! Il semble que toutes les vertus fassent à
la fois l'assaut du cœur, l'envahissent, le sub-
juguent, tandis que montent vers le ciel les
suaves mélodies de l'orgue, les parfums de
l'autel, et que le soleil, traversant les vitraux,
met une auréole de paix au front douloureux
du Christ !

Certes, ce Directeur sait délicatement fouiller
dans cette âme mobile, aux alternances de
rayons et d'ombres. Il comprend les embûches
de la vie, la multiplicité des tentations. Ce n'est
pas à son excellent curé de campagne qu'on
irait raconter toutes ces fines peccadilles, — on
lui réserve quelqu'honnête péché de vacances,
— mais il perdrait son latin à disséquer des
flirts ténus comme des brindilles de mimosa, et
à soupeser les péchés quintessenciés de l'hiver,
éclos à l'ombre de l'éventail.

Il faut, pour cette besogne, un très savant
docteur, au courant des choses de l'amour.

Ah ! c'est que les femmes font de bien singulières combinaisons entre la religion et l'amour : amalgames hétéroclites de profane et de sacré, de résistances et d'abandons, de raisonnements chastes et de prières coupables, de griseries résultant du sentiment de la damnation, et de pratiques accomplies pour s'assurer contre les risques infernaux.

A ces combinaisons se rattachent ces deux sentences presqu'axiomatiques :

— La femme vient à Dieu, quand l'homme n'en veut pas ou n'en veut plus.

— La femme aime toujours : quand la terre lui manque, elle se réfugie dans le ciel.

Lorsqu'elle prépare, consomme ou savoure une passion illicite, il lui arrive souvent de se livrer à ce fallacieux raisonnement :

« Dieu, dans sa justice, (celle qu'elle lui fabrique), voit que l'homme aimé était réellement celui que la Providence me prédestinait; nous étions faits l'un pour l'autre ! Mon mari m'a été imposé par ma famille, par les nécessités, par ceci, par cela, mais je ne l'ai pas accepté de mon plein gré. En cédant à mon... *ami,* je ne fais qu'accomplir un acte préparé de toute éternité et rétablir l'équilibre souhaité par l'impartialité divine !! »

C'est pourquoi elle se surprend parfois à dire un *Pater* pour Jacques, s'enhardissant même à demander la quiétude et la durée de son bonheur criminel. Je veux espérer que le bon saint Pierre, dans son indulgent scepticisme, oublie ces requêtes profanes à la poste restante et ne les distribue pas. Il sait bien que la beauté passe, que les amours ont de cruels lendemains, et que l'âme frivole, oublieuse, ardente, lui reviendra pour le repentir et l'apaisement !

Enfin, dans le même ordre d'idées, nous devons citer, pour être complet, les pécheresses qui vont, au sortir du rendez-vous, demander l'absolution de la faute commise, sachant qu'elles retourneront au fruit défendu ; celles qui s'accordent de substantiels baisers, un vendredi, tout en se refusant une côtelette ; et celles qui, dans l'intérim de deux passions, se livrent à la ferveur la plus exaltée.

De ces dernières, on peut dire, comme l'écrivait Madame d'Epinay : « La pensée de Dieu ne durera que jusqu'à la pensée d'un nouvel amant. »

La conclusion de tout cela, c'est que si mélangés soient-ils, les sentiments religieux de la femme constituent une sauvegarde, une consolation, une espérance !

Ils restent donc précieux à défendre, car il n'est pas bon de persuader à celle que tant de liens rattachent à la terre, qu'aucun idéal ne peut la préserver et la racheter de l'animalité.

Pour rétablir son culte, on doit s'efforcer de porter plus haut son esprit et son cœur par l'initiation aux principes d'ordre supérieur.

Ils l'avaient bien compris les galants chevaliers des Cours d'amour, allant jusqu'à *diviniser* la femme elle-même! Jamais elle ne fut plus pure et cependant plus aimée.

D'ailleurs cette idée de la Divinité féminine n'était pas nouvelle : elle remonte à une secte de nom barbare, le gnosticisme. Son fondateur, Simon le Magicien prétendait que Jésus avait seulement sauvé la partie masculine de l'humanité, et qu'il fallait une femme pour sauver l'autre.

L'incarnation se produisit, paraît-il, dans une grecque très belle, du nom d'Hélène-Ennoia (Héléne la Pensée), et le gnosticisme se propagea en France, professé sous le nom de Catharisme par la secte des Albigeois.

Le Saint-Simonisme, à son tour, avec sa femme libre représentant une incarnation de Dieu dans l'espèce humaine, offrait une variante de cette même idée. Auguste Comte la poussa même plus loin, dans son catéchisme positiviste, en ordonnant, à chaque particulier, d'établir chez lui une chapelle où, trois fois par jour, il adresserait des prières à sa femme, à sa mère, à sa fille, même vivantes.

Laissons là les utopies et les exagérations, mais sachons reconnaître cette vérité déjà formulée dans notre premier chapitre : qu'il ne faut point trop matérialiser la femme !

Presque tous les raisonnements d'hommes se ressentent des sentiments qu'elle leur procure; ils peuvent, par son influence être rapprochés d'un spiritualisme religieux, dont ils ont besoin, ou ramenés, au contraire, à ce qu'on nomme : l'état de nature, — périphrase aimable, employée pour masquer les métamorphoses de Circé.

XIII

LES MÈRES

———

Au milieu de la gouaillerie du siècle, malgré sa *blague* et son dilettantisme délétères, un respect demeure encore debout : celui de la mère ! Il survit jusque dans les cœurs les plus avilis, et la belle parole de Legouvé reste toujours vraie :

« La mère est ici-bas le seul Dieu sans athée ! »

Tous ceux qui songent à la régénération sociale et pensent qu'elle sera le résultat, non de la licence illimitée, mais d'une règle morale et hiérarchique, n'ont pas le droit de négliger cette force vivante.

Bien employée, elle serait irrésistible, car « nul peuple n'est autant que le peuple français fils de la femme ! »

Il *adore* la mère ; et dans cette adoration se glisse un peu d'amour, — du plus pur s'entend, — de celui qui vient ajouter à l'affection filiale une exquise douceur.

Le fils, dans la mère, n'oublie jamais la femme, L'influence attractive et indéniable de ces deux êtres a-t-elle une cause morale, ou simplement physiologique — dans ce cas provenant de l'interversion des sexes ? peu importe ! Elle existe, cela suffit pour que chez nous, plus encore que partout ailleurs, les mères aient la charge d'un rôle à jouer et d'un devoir social à remplir.

Aujourd'hui surtout, elles doivent se rappeler ces leçons de l'histoire nous montrant les générations héroïques, « préparées par des femmes qui avaient l'amour enthousiaste, le culte des grandes idées et la volonté d'être mères ! »

On ne se rend pas assez compte de l'influence de l'éducation dès la plus tendre enfance.

Quand bébé est petit, on lui passe ses plus fantastiques caprices sous le prétexte inexact qu'il *ne comprend pas encore*! Un peu plus grand, on le laisse, par négligence ou ennui, sous l'action d'une domesticité de jour en jour plus hypocritement corrompue; on se contente de prononcer devant lui, par ci, par là, quelques sentences générales et inefficaces, remettant à plus tard — au moment de l'*âge de raison* ! — la formation de l'individu, d'après les principes sérieux et les règles usuelles.

Malheureusement, quand on se dispose à les lui inculquer, on se trouve en présence d'une âme toute faite, ayant déjà ses idées, ses jugements, ses principes aussi. C'est hasard pur que dans le tas il y ait quelque bonne chose. Il faut donc arracher d'abord les mauvaises herbes et labourer le sol pour une moisson nouvelle : labeur ardu et fatalement incomplet.

Combien il serait plus simple de semer tout de suite les graines fécondes !

Mais voilà, pour certaines mères, -- oh ! je ne dis pas pour toutes, loin de là, — bébé constitue un bibelot d'étagère, une poupée qu'il s'agit de parer, d'empanacher, de poudrer, de friser, de maquiller même, d'entortiller dans les soies, les velours et les dentelles, suivant le dernier cri de la mode. Il a son budget, et il faut que les sacrifices qu'il nécessite fassent honneur à la maman.

En grandissant, bébé, devenu gamin, ne lui fait plus honneur ; il est sur son amer : point de repère évident contre les éternels trente ans de la femme, il voit, observe et parle trop ; il gêne, on l'écarte, et l'intimité de sa vie passe aux étrangers mercenaires et aux éducateurs publics.

Cet âge de réelle formation, où tout l'être

s'éveille, devrait être le plus étroitement surveillé : il se trouve souvent le plus abandonné.

La mère frivole se reprend de passion pour son enfant, lorsque, adolescent, sa lèvre s'estompe d'un duvet blond ou brun, mais le cœur de cet homme de demain ne lui appartient plus tout entier : des images impures déjà l'ont traversé, — ombres noires ayant glissé sur sa primitive blancheur, — son esprit s'est formé des opinions d'après les données fugitives qu'il a de la vie, et la maman hésite, décontenancée, n'osant plus confesser bravement son enfant, n'ayant pas l'autorité pour libérer sa personnalité naissante de ses premières erreurs, de ses premiers esclavages.

Et cependant, « elle connait les paroles qui consolent et celles qui purifient », mais pour qu'elle puisse les prononcer et ressaisir ce fils au moment décisif, il faut qu'elle l'ait *élevé* jusqu'à douze ans.

L'élever, c'est-à-dire vivre continuellement avec lui, apprendre à le connaître, déchiffrer ses instincts, ses penchants, ses dispositions au bien ou au mal, et, d'après l'ensemble de ces indices, diriger son éducation privée.

Pendant ces années d'intime communion, l'enfant aura reçu des impressions de tendresse, il se sera livré avec abandon ; il aura pu sonder les dévouement infinis et goûter le charme de ce rêve familial, dont le souvenir, inséparable de celui de la mère, saura, dans l'avenir, le préserver des chutes irrémédiables.

Enfin, dans cette âme masculine, la mère, en développant l'affectivité, mettra ce qu'il doit y entrer de douceur, de délicatesse, de féminité — et même de mysticisme.

Je me soucie peu du sourire de pitié railleuse que ce mot de mysticisme amènera sur les lèvres des libres-penseurs ; je l'ai employé convaincu que, dans les esprits les plus virils, il est bon de ménager de ces coins bénis, parfumés d'idéal, — imitant la nature qui, dans les sites sévères, laisse croître d'exquises fleurettes.

Il faut que la maman glisse beaucoup de ces petites fleurs dans les feuillets du cœur pour que plus tard, au plus fort de la lutte, lorsque sonneront les heures cruelles, leur arôme console des larmes et des désillusions !

L'enfant, ainsi armé de ce bagage moral, préparé avec une jalouse sollicitude, pourra affronter les risques de l'éducation publique, et résister à la déprimante promiscuité des usines intellectuelles.

Dans ces fabriques où il faut, à la hâte, mouler des citoyens à connaissances générales, aptes à tout et à rien, — herbes de parlementaires, de ministres ou de ratés, — la collectivité arrive à une moyenne de science, mais l'individu est forcément négligé.

Ses facultés originales qu'on a, ni le temps,

ni la volonté de reconnaître et d'encourager, sont absorbées dans la trituration commune ; le caractère et le cœur se développent, sans contrôle, dans une liberté licencieuse que limitent simplement le droit d'action du camarade, joint à quelques règles élémentaires de décence publique.

Mais qui se soucie de pénétrer dans l'intimité de ces natures en éclosion, pour en surprendre le secret, pour en deviner la faiblesse ou la force, pour y développer les aptitudes supérieures, pour y combattre les germes putrescibles ?

Le vice est là qui les guette et les surprend dans leur besoin d'expansion, sans autre défense qu'une morale civile, enseignée, du bout des dents, par des pédagogues qui n'y croient guère.

Et alors, on rencontre de ces jeunes gens n'ayant de jeune que l'âge, blasés avant d'avoir joui, sceptiques avant d'avoir cru, décadents, niveleurs, comptempteurs d'enthousiasme, d'amour et de foi, devant lesquels on reste stupéfait — sans comprendre — se demandant avec épouvante ce que sera la génération de demain.

S'ils sont ainsi, ce n'est pas toujours leur faute; on les a livrés à eux-mêmes et aux pions, à l'âge où ils avaient encore besoin des baisers maternels, — de ces baisers qui apprennent toute la science d'aimer et de croire.

Le pays se plaint de n'avoir pas d'hommes! Il en aura de moins en moins, à mesure que les enfants seront abandonnés plus petits, et par conséquent plus longtemps, à l'éducation collective et impersonnelle. Ils ne recevront qu'une empreinte générale, victimes déjà de cette odieuse loi du nombre, qui nous enserre de toutes parts, écrasant les caractères, comprimant les initiatives, faisant des troupeaux et jamais des pasteurs.

Pour réagir, il faut beaucoup de ces mères

françaises qui ont mérité d'être appelées des « leçons vivantes. »

A nous de les multiplier en aimant, en respectant la femme : à elles de préparer les hommes, en gardant les enfants !

XIV

SUR LA MODE

———

Dans un petit livre fort rare, édité seulement pour quelques amis, et intitulé *Théorie de la démarche*, Balzac affirmait l'existence d'une relation étroite entre la personnalité interne de l'individu et ses manifestations extérieures : physionomie, mouvement, choix, couleur et forme des vêtements.

Reprenant le principe de Lavater sur l'homogénéité de l'homme, il reconnaissait, à son tour, que tout en nous correspond à des causes intimes, — causes qui se révèlent d'une façon tangible dans nos manières d'être.

Cette théorie, — exacte, je n'en doute pas, — conduirait aujourd'hui à des conséquences assez peu flatteuses, car les modes féminines ne révèlent ni esprit, ni esthétique, bien purs ; et c'est bien le cas de répéter cette parole d'un moraliste : « Si les femmes étaient telles qu'elles le deviennent par leurs artifices, elles seraient inconsolables. »

Est-ce la mode qui influe sur la femme, ou la femme qui influe sur la mode ? C'est un peu comme la question de savoir si l'œuf a précédé la poule ou si la poule a précédé l'œuf ! Néanmoins, il faut bien reconnaître qu'Ève se réveilla dans le simple appareil d'une beauté qu'on arrache au néant. Depuis ce temps reculé, où la mode commença par une feuille pour finir maintenant par les robes et les manches que vous savez, la femme, chaque jour, a employé une partie de son génie à se créer des attraits, à les remplacer ou à les perfectionner.

Aussi faut-il distinguer entre la mode géné-

rale, qui est comme l'émanation caractéris-
tique d'une époque, et la mode personnelle,
qui emprunte à chacun son cachet particulier.
La seconde dépend fatalement de la première,
mais elle devient révélatrice des qualités et des
défauts, des habitudes, des préoccupations, et
même des états d'âme et de cœur.

Toute une philosophie se dégage de la mode
générale actuelle.

N'y a-t-il pas de la névrose dans ces manches hypertrophiées ? de l'incohérence, dans ces
boursouflures venant élargir le corps aux extrémités où il se rétrécit ?

N'est-ce pas aussi une perversion du goût
que ce mélange fantastique des couleurs les
plus heurtées, que ce rapprochement voulu des
tons antipathiques ? C'est l'union libre des
nuances et le Wagnérisme des teintes.

Partout l'évident souci d'enfler, d'exagérer,
d'altérer la nature — de la *désharmoniser*.

Si Vénus sortant de l'onde, comme aux beaux

temps de l'Olympe, apercevait sur le rivage une élégante du dix-neuvième siècle, sa première préoccupation serait de demander à un naturaliste si ce spécimen appartient à une nouvelle espèce de vertébrés, inconnus de son temps. N'accuserait-elle pas Jupiter d'avoir déformé son plus bel ouvrage?

La femme, qui n'accepte pas toujours avec une douceur égale les conseils de son mari, les exigences d'un devoir ou les froissements de la vie, subit sans aucun murmure toutes les tyrannies de la mode. Elle consent à se gêner, à s'enlaidir pour elle, à suivre en esclave ces innombrables transformations, ces mille et une fantaisies, vieilles déjà le soir du jour où elles sont nées. Elle rougit, enfin, de se trouver prise en défaut, portant des godets convexes alors qu'ils doivent être concaves et vice-versa, se coiffant de petites cornes perpendiculaires au lieu d'être latérales, arborant un chapeau de printemps quand l'été, d'après l'almanach contredit par le temps, est commencé depuis vingt-quatre heures.

Ce sentiment révèle une fort curieuse et très spéciale variété de pudeur : pudeur vis-à-vis de la mode — relative comme toutes les autres.

D'ailleurs, ce que l'on dira et ce que l'on écrira sur ce sujet brûlant ne changeront rien à une servitude générale, acceptée presque toujours avec plaisir; mieux vaut donc analyser les applications individuelles.

La Bruyère a dit qu'il fallait juger des femmes depuis la chaussure jusqu'à la coiffure exclusivement, comme on mesure le poisson entre queue et tête.

Et c'est vrai ! Tout en elles peut servir d'indication; leur toilette est un style, — un style susceptible de devenir très indiscret pour les amateurs attentifs; un style où l'on trouve de l'éloquence, de l'initiative ou de la routine, de la grâce ou de la raideur, des fautes grammaticales, des fautes d'orthographe, des néologismes, que sais-je? toute la lyre !

D'abord, la toilette est une enseigne, et l'Art de paraître veut que l'on fasse, à sa splendeur, les plus lourds sacrifices. Elle est censée fixer le degré de fortune et de prospérité. Certaine considération se mesure à sa richesse, la jalousie s'en alimente, l'amour lui-même en est flatté. Presque toujours, par exemple, elle affiche *dix* sur une réalité qui vaut *deux* ou *trois* : c'est là sa plus funeste hypocrisie.

La toilette a des révélations traîtresses. — Le plus souvent, et même sans le calculer, la femme s'habille en conformité de ce qu'elle sent, ou de ce qu'elle aime. Nuances et formes traduisent inconsciemment ses nuances de sentiment, ses formes de rêve. Joie, soleil, espoir, chagrin ou mélancolie, tout s'exprime dans la langue des chiffons.

Bien entendu, j'entends parler seulement

des femmes qui *savent* s'habiller. Savoir s'habiller est un art comme savoir manger.

Celles qui ne *savent* pas retombent dans la catégorie des quelconques, peu intéressantes, chez qui le vêtement porte le reflet d'une insignifiante vulgarité.

Pour échapper à cette vulgarité, point n'est besoin de dépenser une dotation princière, une robe de vingt francs peut avoir plus d'élégance, plus de *chic* — puisque c'est le mot — qu'une robe de dix mille. Et puis, comme le disent malicieusement les couturières : « tout dépend de la façon dont c'est porté ! »

Les toilettes féminines, dont l'analyse fournit les plus précieux éléments au psychologue, sont les toilettes de deuil et les toilettes d'amour.

Les toilettes de deuil expriment toute une gamme de sentiments, depuis le chagrin sincère qui, derrière le voile laisse les yeux sans larmes, fixes et navrés, jusqu'à la *renaissance* secrètement joyeuse de la veuve, qui donne la volée aux aspirations de son cœur, tout en recouvrant pieusement cet organe d'une étoffe héliotrope.

Qu'elles sont éloquentes ces robes, passant du noir au blanc et du blanc au violet ! Comme elles savent dire, dans leur nonchalance ou leur recherche, leur austérité ou leur coquetterie, qu'il s'agit d'un être adoré, d'un parent à héritage, d'un collatéral sans intérêt, ou de cette sorte d'époux, sur la tombe desquels on dépose une couronne portant des *regrets éternels* sur un fond d'immortelles jaunes !

Les toilettes d'amour résument des milliers de romans.

Voyez-vous cette femme à la mise discrète mais divinement harmonieuse qui, derrière elle, laisse comme un sillage embaumé ? Dans la forme de la robe, du chapeau, dans l'arrangement des cheveux, aucune faute n'est commise. Son pas révèle la joie, la malice, la déci-

sion, en même temps qu'un délicieux trouble ;
ses narines, frémissantes, se soulèvent pour
prendre à l'air ses effluves ; ses lèvres ont le
duveté humide et gourmand des roses; et le
froissement soyeux que cause sa marche fait
soupçonner, dans les dessous intimes, une œuvre de subtile volupté.

Tout est indication : elle va à son premier
rendez-vous !

Une autre femme la croise, qui s'avance
rêveuse et triste, sans que rien du monde
vivant semble l'intéresser. Une larme, à peine
retenue, roule indécise au bord de ses yeux.
Le choix de la robe trahit le dernier effort
d'une coquetterie maladroite ; l'oubli de certains
petits désordres de coiffure et de tenue fait deviner la lutte suprême et aussi la défaite :

C'est un retour de rupture !

Entre ces deux extrêmes, qui finissent toujours par se rejoindre, que de cas intermé-
diaires ! Les amours qu'on éveille, qu'on pré-

pare, qu'on excite, et ceux qui se cachent ; les onéreux et les gratuits ; les sensuels et les partiellement platoniques ; enfin, il y a les apothéoses d'amour et les amours qu'on pleure : le costume sait répondre à toutes ces hypothèses.

Les espoirs et les chagrins illégitimes ont aussi leurs toilettes de fiançailles et leurs toilettes de deuil !

Si maintenant nous considérons la toilette au point de vue philosophique et économique, nous voyons qu'elle a toujours été indispensable à la femme considérée comme *valeur marchande* ou comme *valeur de plaisir*.

Comme valeur marchande, elle se trouve sur le terrain de la concurrence, subissant la loi de l'offre et de la demande.

Comme valeur de plaisir, elle s'agite dans le domaine de la passion, d'où la nécessité de parer l'idole, d'augmenter sa force de séduction.

Les maîtres-prêcheurs religieux ou laïques, ainsi que les maris, se plaisent à fulminer contre le luxe féminin. Je me permettrai de faire observer aux uns comme aux autres que l'histoire ne leur donne pas entièrement raison. Je sais que la vie actuelle, avec toutes ses inutilités obligatoires, est fort chère, et que le budget annuel d'une dame, « qui n'a rien à se mettre », flotte entre douze mille francs et l'infini.

Mais tout en ignorant le prix de la *Vulgaris Margarina* sous le règne d'Aménophis, je conclus, des découvertes faites dans les tombeaux de Memphis et de Thèbes, qu'il y a 4,000 ans les Égyptiennes devaient occasionner déjà un certain entretien.

Ne connaissaient-elles pas les miroirs, les cuillers à parfums, les plaques d'ivoire? Savaient-elles résister à la tentation d'acheter les étoffes éblouissantes, les épingles de bronze incrustées d'or, les pectoraux aux pierres de cornaline et de lapis-lazuli, les bijoux ornés de jaspe et de turquoise?

A Rome, les patriciennes comme les courtisanes poussèrent si loin la richesse de leurs parures, qu'il fallut édicter des lois somptuaires.

Tout comme nos plus exquises mondaines, elles avaient des vases d'albâtre contenant les fards; elles employaient les céruses de Rhodes, les pâtes de fèves pour teindre la peau et effacer les rides, les pastilles de myrtes et de lentisques pétries avec du vin vieux et des baies de lierre, destinées à combattre l'impureté de l'haleine, les teintures de cheveux, et le crocodilée, liniment tiré des excréments du crocodile pour blanchir la peau.

Aujourd'hui, les femmes se servent, au figuré seulement, des larmes de cet animal.

Les superbes Romaines pratiquaient, ainsi que nous, l'art de corriger la nature et de réparer l'outrage des ans, se faisant mettre dès dents d'ivoire reliées par des fils d'or, comprimant la gorge à l'aide de bandelettes de cuir, remplaçant par des coussins les rotondités absentes. Elles savaient même s'irriter lorsqu'elles entraient trop facilement dans leurs cothurnes de pourpre.

Le dernier argument historique se trouve dans le luxe raffiné et affolant du dix-huitième siècle, alors qu'il y avait 3,744 modes pour la coiffure, que les vêtements étaient chargés de dentelles et de pierreries, et qu'on donnait le nom d'*Artillerie de Cupidon* aux innombrables accessoires de toilette, destinés à procurer au visage du sémillant, du lumineux, de la *poignance!*...

Une seule robe de ce temps nous édifiera sur les autres. Celle que portait la duchesse de Choiseul au mariage de Lauzun était « de satin bleu, garnie de martre, couverte d'or et de diamants, dont chaque diamant brillait sur une étoile d'argent entourée d'une paillette d'or. »

Nos milliardaires même ne sauraient atteindre à de telles prodigalités !

— Mais on prétend que si les privilégiés sont devenus moins prodigues, la masse, elle, dépense plus. Il y aurait à déduire de ce fait de très graves conséquences, je préfère m'en tenir à une raison assez péremptoire, donnée par certaines gens à humeur chagrine :

« L'Égypte, Rome et le dix-huitième siècle ne connaissaient pas les *Grands magasins de nouveautés !! »*

Il nous était réservé, en effet, de voir les commerçants devenir assez psychologues pour deviner les faiblesses féminines et comprendre qu'elles sont presque toujours une affaire..... d'occasion !

XV

CELLES D'EN BAS

———

Simple lettre :

« Lorsqu'avant de monter en voiture pour
vous rendre à un diner ou à un bal, vous passez
une dernière fois devant votre glace, quelle est
votre pensée, Madame ?

« D'un coup d'œil, vous vous embrassez
toute, comme un général inspectant un soldat
sous les armes.

« Voulant être belle le soir, vous êtes restée,
pendant la journée, étendue sur votre bergère ;
aussi, vous vous envolez, le teint reposé, les yeux

7**

brillants, l'humeur légère! Dans vos cheveux, le diadème de perles jette comme des reflets de lune. Vos épaules, vos bras surgissent d'une robe faite de la plus merveilleuse étoffe. A votre cou, les pierres précieuses viennent, non pas en rivales, mais en humbles servantes, joindre leur éclat à votre éblouissante beauté.

« Mais, sur votre front, qui semblait radieux, un pli imperceptible s'est creusé. Pourquoi?

« Est-ce une idée triste ? Une pensée chagrine ?

« Peut-être avez-vous comparé la splendeur de votre parure à la pauvreté de celles qui l'avaient créée? Vous avez songé que chaque perle de votre diadème sauverait l'existence d'une ouvrière, ou que les feux de votre collier pourraient se changer, pour elle, en rayons de soleil?

« Eh ! non, ce n'est point cela. — Qui songe à ces papillons noirs ! Il s'agit de ce scarabé de rubis aux ailes diamantées que votre camériste inattentive a placé trop bas : il eût fallu le poser sur le rebord du corsage, pour qu'il parût éclos de la neige des seins.

« Onze heures sonnent ! La faute grave est réparée, vous pouvez partir.

« A cette heure, abimées de fatigue, les yeux rougis par la veillée qu'il a fallu faire pour rattraper quelques sous, ou satisfaire à la hâte le caprice d'une cliente, nous sortons de l'atelier. Votre coupé passe !

« Douillettement enfouie dans le manteau d'hermine, les yeux appesantis par la tiède atmosphère de la voiture toute parfumée de vous, vous allez là bas vers le rêve doré, vers les fleurs, le champagne, vers l'amour riche !

« Nous, un instant irritées devant cette vision de cruelle inégalité, nous restons là pensives dans le brouillard de la nuit ; puis surprises par un frisson, serrant contre nous le manteau de toutes les saisons, nous partons vers la mansarde, vers la réalité de misère, la

cheminée sans feu, vers l'amour pauvre aussi !...
Que voulez-vous ? Qui aime dîne ; et il faut bien
parfois mordre à la volupté des gueux pour se
consoler des larmes !

« Quand vous apprenez une de nos humbles intrigues, ou que vous nous rencon-
trez plus coquettement mises, ayant jeté
notre vertu en pâture au veau d'or, vous
dites dédaigneusement : « Cette petite à mal
tourné ! »

« C'est du vice, n'est-ce pas, puisque cela
vient d'en bas, que cela sort de la rue ? Dans
vos cercles raffinés, le même acte se revêt de
mots élégants : il devient flirt, toquade, caprice,
passion ! Ce qui est fleur chez vous, chez nous
s'appelle d'un mot administratif : la prostitu-
tion ! Et cependant, c'est vous qui allez à
l'amour en désœuvrée, en curieuse, par lassitude, par impuissance ; et nous, nous y allons,
n'en pouvant plus de trop souffrir ; nous y
allons, pour ne pas mourir sans avoir goûté,

au moins une fois, par le baiser, à une jouissance de la vie !

« Après, dame !... c'est l'engrenage !

« Pardonnez-moi, madame ; je sais qu'il n'est pas bon de parler de ces choses. Je ne les dis pas pour faire œuvre d'excitation sociale : nous sommes plus pratiques, nous autres femmes, sachant bien que les grands mots ne profitent qu'aux pîtres de la misère ; mais je vous le dis parce qu'il faut qu'un regard de pitié tombe souvent du haut de votre ciel dans notre poussière, pour que nous n'arrivions pas à trop haïr !

« Nous connaissons votre vie, vos plaisirs, votre luxe : vous l'étalez dans vos journaux de vanité. Mais vous, vous ne savez rien de notre existence, de nos quotidiennes luttes.

« Dans notre société d'ouvriers, c'est la concurrence brutale, égoïste ; c'est la bataille acharnée pour le morceau de pain. Que parlez-vous d'éducation, de jouissances intellectuelles, d'initiation artistique ? Est-ce que c'est fait pour nous ? Est-ce que notre esprit ne s'atrophie pas dans ce corps de chair, écrasé, anémié par l'effort continuel, par le souci du travail pour la subsistance ?

« Il y a quarante ans, Jules Simon disait à nos parents, que les ouvriers seraient heureux lorsqu'on aurait ouvert devant eux *les champs sans horizon de la pensée* !

« Chimère de philosophe ! Notre pensée n'a que des préoccupations de nourriture, ne songe qu'à la satisfaction des besoins, et n'a pas le temps de se rafraîchir dans les champs sans horizon !

« Ah ! vous ne soupçonnez pas, madame, cet enfer de l'atelier où transformées en machines, nous ne conservons plus rien de la femme. Et pourtant nous aimerions aussi à être des créatures de charme, à rassembler autour de nos corps, ce qui pourrait en rehausser la grâce, à donner à nos âmes ce qui séduit et grise.

« Nous n'avons, ici bas, que des paroles sans romance et si nous chantons, c'est pour dire une fois de plus le *Chant de la Chemise*, ce poème qui nous vient d'Angleterre, que nous répétons si souvent et que certainement vous ignorez, Madame !

« En voici trois couplets, car en citer plus serait prendre un temps réservé sans doute aux dernières mélodies du Maître.

Coudre, coudre, coudre !
Mon travail jamais ne languit.
Et quel en est le salaire ? Un lit de paille,
Une croûte de pain et des haillons,
Ce toit crevassé, ce plancher froid,
Une table, une chaise brisée
Et un mur si nu que je sais gré
A mon ombre d'y tomber quelquefois !

O hommes qui avez des sœurs chéries,
O hommes qui avez mères et femmes,
Ce n'est pas de la toile que vous usez
Mais la vie de créatures humaines !

Couds, couds, couds toujours !
Dans la pauvreté, la faim et la hâte,
Tu couds avec un fil double
Un linceul en même temps qu'une chemise.

Oh ! pendant une courte heure, une seule,
Avoir un répit, si bref fut-il,
Non pas un heureux loisir pour aimer ou espérer,
Mais seulement un temps de repos dans la douleur !
Pleurer un peu, cela me soulagerait le cœur.
Mais, sous mes paupières. il faut
Que sèchent les larmes amères,
Car chaque pleur arrête mon aiguille et mon fil !

« C'est en cela que se résument nos joies artistiques.

« Quant à notre rire qui parfois dans la rue semble s'égrener insouciant et joyeux, ne vous y trompez pas ; un écrivain qui nous connaît bien, tout en étant des vôtres, l'a dit : c'est de la fausse gaieté, du rire nerveux, qui traduit une convulsion d'âmes malades.

« Passons aux choses plus sérieuses : à notre budget — car nous en avons un aussi. Vous m'excuserez d'écrire des chiffres, ce sera ma seule éloquence ! Et puis ils pourront vous servir pour la comparaison.

« Jeune ouvrière, je gagne 2 francs par jour, et je ne suis pas dans les plus malheureuses, les salaires des industries ouvertes aux femmes variant entre 1 fr. 25 et 3 fr. 50, quelquefois 4 et 5 fr. pour de très rares privilégiées.

« En faisant la part de la morte-saison, et sans tenir compte d'un chômage extraordinaire, je suis donc à la tête d'une somme de *six cents francs par an*.

« A côté de la recette, permettez-moi, si aride soit-il, de vous donner le détail des dépenses :

Loyer............................	160 fr.
2 robes à 10 fr..................	20
1 confection....................	12
4 paires de chaussures à 5 fr.....	20
2 chapeaux à 3 fr...............	6
3 chemises à 2 fr...............	6
3 paires de bas à 1 fr...........	3
2 camisoles à 2 fr..............	4
A reporter........	231

Report............	231
4 mouchoirs à 50 cent..........	2
Draps (à diviser) par an.........	3
4 serviettes à 75 cent............	3
Eclairage	10
Chauffage	12
Etrennes pour la concierge.......	5
2 petits tabliers noirs à 1 fr. 50..	3
1 jupon à 2 fr....................	2
Total.................	271 fr.

« Reste par jour 0 fr. 90 pour vivre :

Une livre de pain..............	0fr.	20
Le matin, lait..................	0	10
A midi, une cotelette...........	0	25
Vin..........................	0	10
Charbon	0	05
Légumes......................	0	10
Beurre........................	0	10
Total.................	0 fr.90	

« Mon budget est bouclé, avec 0 fr. 50 cent.
d'excédent. Mais encore faut-il que, pendant
l'année, aucun accroc n'en détruise l'équilibre :
le repos, la maladie, les rigueurs de la température ne sont pas prévus !

Le chapitre du... printemps, non plus !

« Je vous ai dit, Madame, que je n'étais pas
dans les plus misérables. J'habite, en effet, une
de ces maisons-types, immenses phalanstères
où se trouve résolu — par l'entassement — le
problème de l'habitation ouvrière.

« On y voit le résumé de ce qu'en politique
on appelle ; le peuple !

« Les divers métiers sont représentés, depuis les modes, la couture, jusqu'à la parfu-
merie, à la mégisserie, ou au tissage. Il y a
des célibataires, des indépendants, des faux
ménages et des vrais. Du haut en bas, l'égalité
règne bien : l'égalité dans le besoin !

« Aux étages *riches*, vivent les petits bouti-
quiers — semblants de bourgeois plus à plaindre que nous, martyrs d'un préjugé qui les
oblige à une embryonnaire dignité de repré-
sentation.

« Maintenant voici mes voisins : à gauche
une bijoutière en faux, gagnant 1 fr. 50 par

jour. Elle m'envie celle-là, car elle n'a que
0 fr. 65 cent. à dépenser *pour sa table*, au
lieu de 0 fr. 90, et son repas du soir se résume
dans ce menu :

Charcuterie	0 fr. 10
Pommes de terre frites	0 05
Pain	0 10

« En face de moi, vit une famille entière :
le père gagne soixante-dix francs par mois,
comme garçon de magasin, la mère, vingt
francs, à faire des ménages. Il y a quatre enfants. Le loyer absorbe, *pour une seule pièce*,
250 francs ; le pain de l'année, à une livre
par personne et par jour, coûte 432 francs. —
Reste 248 francs pour habiller, chauffer, soigner six personnes, mettre dans la soupe quelques légumes et parfois un morceau de viande.

« Je n'insiste pas. ce n'est même plus de la
pauvreté.

« Au-dessus, dans la mansarde, habitent

une veuve et ses deux petites fillettes : habitaient plutôt, car, hier, on les a trouvées mortes toutes trois.

« La mère était brodeuse et devait assurer, avec son maigre labeur, son existence et celle de ses enfants. Plus courageuse qu'habile, elle avait vu l'ouvrage diminuer peu à peu, si bien que ses dernières ressources étaient épuisées. A bout de forces, lassée d'une lutte inutile, elle avait allumé un réchaud, cherchant dans la mort, pour elle et ses petits, un refuge contre la fatalité implacable.

« En entrant chez la malheureuse femme, je l'aperçus rigide et blanche, tenant encore un journal dans ses doigts crispés. C'était une de vos grandes feuilles mondaines. Le papier plissé à ses extrémités, avait servi à envelopper quelque dentelle — dernier et inutile travail.

« Le hasard seul pouvait avoir apporté dans ce taudis l'organe des élégances suprêmes.

« Et là, à côté de la réalité poignante du

drame, s'évoquait une vision radieuse dans les lignes recherchées et couteuses du journal à la mode.

« C'était d'abord le récit d'un grand mariage, avec l'énumération des joyaux, fourrures, dentelles, objets d'art composant une corbeille princière. Après l'inauguration d'un hôtel de milliardaire, s'éparpillaient les narrations des diners exquis, bals et comédies de la semaine.

« Enfin, arrivait comme un couronnement, dans un article soigneusement ciselé, la relation d'une fête costumée donnée par la princesse de X...

« .... Un émerveillement, disait-on, un ra-
« vissement délicat pour les yeux. Le cotillon
« à lui seul, avait couté dix mille francs, et
« les toilettes semblaient empruntées à un
« conte des *Mille et une nuits*. »

« .... Madame de N..., en folie espagnole,
« portait le plus beau collier du monde, fait
« de perles multicolores, d'un prix inestima-

« bie. Mme Z..., était en Maharajhne indienne,
« avec une robe entièrement constellée de pier-
« reries.

« On avait soupé par petites tables ! »

« Devant cet affolement de prodigalités, la
Justice Eternelle ne pardonnera-t-elle pas à
l'affolement du suicide?

« J'en ai assez dit, Madame, car aller plus
loin m'attirerait l'épithète de révoltée, et je
n'en veux pas. Je tenais simplement à vous
découvrir ces lamentables choses, puisqu'elles
existent, et que vos littérateurs de choix n'osent
pas vous en parler.

« Et cependant, il serait utile qu'on les fît
connaître d'avantage. Car un malentendu terrible existe, entre ceux qui ont tout et ceux
qui n'ont rien.

« Vous avez de la bonté, on le sait chez les
pauvres. Mais, trop souvent, cette bonté est

étouffée par l'insouciance, ou recule devant la fatigue de savoir et de secourir.

« Entre les deux classes extrêmes, par dessus le fossé boueux creusé par les politiciens, il faudrait un rapprochement sincère.

« Effeuillez dans la vie moins de roses inutiles, prélevez le dixième, le vingtième de votre saturation quotidienne et donnez ce produit aux vrais travailleurs malheureux — non pas comme une charité, mais comme un *impôt librement consenti*. Vous arrêterez ainsi des milliers d'âmes hésitantes qui ne croient pas aux révolutions !

« Celles d'en bas n'en veulent pas toujours à celles d'en haut : nous avons aussi de la coquetterie de race, appréciant le luxe délicat, aimant ce qui brille et charme les yeux.

« Mais songez aussi que nous ne sommes pas toutes de l'armée du vice, qu'il y a chez nous des honnêtes, des fières, des saintes qui, malgré toutes les privations, savent donner — pour l'autre armée — des gars au pays !

« Et puis, il est une dernière aumône à nous faire, qu'on a bien oubliée :

« Puisqu'il est impossible d'égaliser, dans l'humanité, le bonheur et la souffrance ; puisque les uns doivent avoir la bonne part et d'autres la mauvaise ; qu'on nous rende alors un peu de croyance, un peu de rêve, pour que nous gardions la consolante espérance de payer, en monnaie de résignations, une place de Paradis ! » — « Louise RICHARD, *couturière.* »

XVI

LA FEMME DE DEMAIN

Tout un mouvement se produit, qui a pour but de transformer la femme en instrument politique et de lui faire jouer un rôle actif dans les fonctions de l'être social.

Les intéressés appellent cela une évolution ; je crois que jusqu'à présent le mot agitation suffirait pour définir la chose.

Les hommes qui se sont fait une spécialité de combattre toutes les exploitations, mais qui, en réalité, exploitent à leur profit les souffances assez sonores pour rendre, en leur honneur, un son de grosse caisse, ont compris le parti qu'ils pouvaient tirer d'un tel sujet.

S'ils s'établissent les apôtres de l'émancipation; c'est dans un double but. Ils veulent faire de la femme :

— Un électeur, capable de servir à leur ambition ;

— Un libre instrument de plaisir.

Bien qu'ils semblent agir suivant un mobile de justice et de philanthropie, cherchant à ouvrir, à l'activité féminine, toutes les carrières et toutes les professions, ce n'est là que l'idée-levier ; le but, c'est l'électorat.

« ..... La femme, écrivent-ils, vient de se
« révéler à elle-même. Elle a la conscience de
« son âme et de sa puissance. — Elle sent
« qu'elle doit avoir le droit de vote, car ses
« intérêts ne sont pas *identiques à ceux de*
« *l'homme* !.... L'humanité tend vers la
« fraternité universelle, or, cette idée sera
« irréalisable, jusqu'au moment où l'autre

« moitié ne sera pas affranchie de son escla-
vage. »

La seconde tendance est tout aussi évidente
que la première, quelles que soient les formules philosophiques dont on l'entoure. Les
grands mots de liberté dans l'amour, de communion universelle, de solidarité des sexes,
sont des moyens hypocrites pour aboutir à la
satisfaction illimitée des instincts.

Il y a des enragés qui ne supportent même
pas la propriété du cœur !

A mon sens, la femme peut avoir une influence sur les destinées politiques de son pays,
mais pas par une ingérence directe ; elle doit
agir *par les hommes*, les secondant, leur prêtant le secours de toutes ses qualités : finesse,
divination, tenacité, diplomatie.

Le monde, a-t-on dit, est une meilleure école
pour les hommes politiques que les cafés : la
femme y règne, elle sait affiner les natures
8*

trop rudes et leur apprendre le clavier des nuances. Elle est un merveilleux instrument de persuasion et un remarquable policier.

Mais pour gouverner elle-même, « elle a trop de sensations et pas assez d'idées. » Elle ne réussit que dans le gouvernement constitutionnel, — avec Victoria et Christine par exemple, — parce qu'il s'agit seulement d'un rôle de tenue, d'habileté, rôle très limité, plus passif qu'actif.

Nos modernes apôtres citent volontiers les femmes de la Révolution, sans se rappeler de l'insuccès de leur rôle politique. Elles surent être des consolatrices, des victimes, parfois de superbes patriotes ou de féroces conseillères, mais, avec elles, le mouvement n'aboutit à aucun résultat.

Madame Roland perd son parti, malgré son courage et l'enthousiasme de ses convictions.

Olympe de Gouges, « l'artiste en émancipation », à chaque instant distraite par les sentiments, échoue dans son plan de réorganisation sociale.

Théroigne de Méricourt sait être soldat et fréquenter les clubs, mais en même temps, elle fait ajouter une cassolette au pommeau de son sabre « afin de neutraliser l'odeur du peuple. »

La femme a beau prendre des costumes masculins, se créer des ambitions viriles, elle reste toujours femme.

« La nature lui a donné des agréments, écrivait Montesquieu, et a voulu que son ascendant finît avec ces agréments. »

Malgré tout, c'était l'avis à peu près général des philosophes du dix-huitième siècle et des *grrands* ancêtres de 89.

Rousseau trouve que la femme « est faite uniquement pour plaire à l'homme. »

Voltaire la dédaigne au point de n'en jamais parler.

Danton ne voit en elle qu'un instrument de plaisir, et Diderot prêche le sensualisme brutal d'Otaïti.

Enfin, si Condorcet et Siéyès demandent l'émancipation domestique et politique des femmes, Mirabeau s'élève centre cette proposition et Robespierre, « l'apôtre de l'égalité », la fait rejeter.

Mais lorsque l'histoire est gênante; on la néglige ou on l'arrange. Les promoteurs du mouvement actuel s'en inquiètent assez peu, estimant qu'elle ne doit pas être un perpétuel recommencement, mais un perpétuel progrès.

Ils cherchent à grouper les éléments féminins. Ils organisent, haranguent, syndiquent, dans le but d'entreprendre « la lutte contre l'homme. »

« Jusqu'à présent, disent-ils, dans notre so-
« ciété bourgeoise, les femmes luttaient *pour*
« *l'homme*, pour le conquérir, lui seul étant
« capable de leur assurer une *position*.

« Mais une évolution commence qui leur
« donnera tous les droits du Maître, toutes ses
« prérogatives, qui les relèvera de leur situa-
« tion opprimée pour les établir, en face de lui,
« égales et indépendantes. »

Il n'est pas sans intérêt d'examiner les
arguments invoqués à l'appui de cette thèse.

La question primordiale, sur laquelle repose
tout l'édifice, se résume ainsi : la femme, physiquement et moralement, est-elle inférieure à
l'homme ?

Sur ce point encore l'argument historique est
contraire à la nouvelle théorie.

Aux époques primitives de la collectivité —
invoquées assez fréquemment de nos jours —
on tenait la femme dans un état d'infériorité :
elle était exclue de la répartition des lots et
privée du droit d'hérédité.

Plus tard, la Bible nous la montre vendue
comme une simple marchandise et raconte, à
ce sujet, de quelle façon Jacob acheta successi-

vement les deux filles de Laban pour en faire ses épouses.

En Grèce, les femmes mariées étaient volontairement maintenues dans l'ignorance et la servitude. Quand leurs maris avaient le désir de *causer*, ils allaient voir les hétaïres et les hiérodules — bien jolis noms pour qualifier les filles de joie — qui seules recevaient une assez large culture intellectuelle et artistique. Aussi leur influence fut-elle grande sur leurs contemporains, même les plus illustres ; et Socrate avouait n'avoir compris la divinité et la vie que dans ses entretiens avec la courtisane Théopompa.

Il n'est pas besoin, en outre, de se rappeler beaucoup de droit ancien, pour savoir que, devant la loi, les Romaines n'avaient pas d'individualité propre et constituait simplement une propriété de l'homme.

Enfin au début du siècle, Napoléon professait à peu près une opinion analogue, lorsqu'il émettait cette pensée : « Il y a une chose qui n'est pas française, c'est une femme qui puisse faire ce qui lui plaît. »

Ce qui ne l'empêcha pas d'ailleurs d'être le plus dupé des maris.

Vient maintenant l'argument scientifique.

La grosseur du cerveau, disent les savants est généralement plus petite chez le sexe féminin ; et à l'appui de cette assertion, ils produisent de suggestives statistiques, desquelles il résulte que le volume de ce cerveau féminin — pourtant bien fécond et bien subtil — est de 220 centimètres cubes inférieur à celui de de l'homme, et que ce dernier l'emporte encore, comme poids, de 126 grammes ! !

Avec les partisans de l'émancipation, je ferais volontiers bon marché de ces 126 grammes et de ces 220 centimètres cubes, surtout lorsque les mêmes savants exposent qu'entre les cerveaux de Cuvier, de Byron, de Napoléon, du mathématicien Gaus et d'autres célébrités, il y a des différences de trois à quatre cents grammes, et qu'enfin, chez les nègres des deux sexes, le poids des cerveaux est sensiblement le même, comme aussi chez la plupart des peuplades peu civilisées.

Le développement de la masse cérébrale ne serait-il qu'une question de culture, d'éducation, d'exercice, d'alimentation même, comme ils le prétendent ? Peut-être pourrait-on l'admettre dans certains cas, mais où je ne suis pas de leur avis, c'est lorsque s'appuyant sur la théorie de Darwin, ils prétendent pouvoir *niveler* les qualités physiques et morales par un dressage bien compris.

D'après eux, de même qu'il a été possible, en employant le système d'élevage artificiel basé sur les sciences naturelles, de produire dans le monde animal des formes entièrement nouvelles, (rapetisser la tête d'une certaine espèce de bœufs, augmenter d'autres parties de son corps, raccourcir les jambes des porcs etc) ;

de même, en appliquant ces lois d'évolution, à l'éducation humaine, on parviendrait à modifier dans un sens *harmonique,* la forme des cerveaux et les facultés intellectuelles.

Que d'illusions perdues, de cristallisations rendues impossibles, d'amours matérialisées, si de semblables propositions venaient à être prouvées et appliquées !

Que deviendrait notre orgueil d'être pensant devant les *couveuses cérébrales* destinées à donner à l'enfant, suivant le désir et les goûts des familles, le don de la musique, de la littérature, des mathématiques ou de l'art militaire ?

Rêves d'antan ! dirait-on, et comme on les regretterait ces chimères dont parfois on médit !

— Le cerveau ! l'âme ! ce sont les deux mystères qui, indissolublement liés dans notre nature, doivent l'être aussi dans toute discussion philosophique, les prenant pour objet.

L'âme de la femme est-elle supérieure à celle de l'homme ? Et, d'abord, en a-t-elle une ?

Cette irrévérencieuse question a été posée pour la première fois par le Concile de Mâcon, au vi° siècle. Ce concile a fort longuement discuté, et n'a décidé, qu'à une très faible majorité, disent les chroniques, l'existence de l'âme féminine.

Aujourd'hui encore les Chinois et les Hindous ne sont pas absolument fixés, et la vérité m'oblige à reconnaître qu'ils penchent pour une demi-négative, ne croyant pas au caractère complètement humain de leurs compagnes.

Socialistes et féministes reprennent le problème, sans se prononcer distinctement sur l'essence de l'âme en général — ce qui les entraînerait à s'expliquer sur Dieu et sur l'Immortalité, choses parfois embarrassantes. Ils se bornent à parler du principe intellectuel, à le reconnaître étroitement lié au principe physiologique, dépendant de lui, et pouvant se prêter,

par conséquent, aux procédés de perfectionne-
ment que nous avons vus plus haut.

Ils proclament enfin l'égalité physique entre
l'homme et la femme, égalité sinon toujours
existante actuellement, du moins facile à acquérir par le fameux élevage.

Maintenant quels sont les forces, les moyens
d'exécution sur lesquels ils comptent pour faire
triompher leur doctrine ?

Ils comptent :

— Sur la crise sociale ;

— Sur l'extension des théories révolutionnaires et irréligieuses ;

— Sur la propagande des faits.

— La crise sociale, parce que les difficultés
d'ordre économique s'opposent chaque jour
davantage à l'établissement légitime de la femme : le mariage et la famille coûtent trop cher !
Si l'homme parvient toujours — avec plus ou

moins de morale — à satisfaire ses instincts, pour les femmes, le célibat supprime une des grandes fonctions physiologiques de la vie. Elles ne peuvent plus atteindre *régulièrement* à leurs fins naturelles.

Dès lors, soit qu'elles demeurent incomplètes, soit qu'elles se résignent au concubinage, leur psychologie s'en trouvera profondément modifiée.

On comprend que leur nombre grandissant sans cesse, leur influence aussi devienne considérable dans la société.

Toutes les femmes, non mariées, — celles qu'en Angleterre on nomme des *Spinsters* et qui forment, suivant le mot si juste de M. Ferrero un « troisième sexe » — vont envahir les champs d'activité, qui constituaient jusqu'ici un monopole de l'homme. Chez elles, « la suppression de l'amour et de la maternité, en alternant la personnalité féminine, rend possibles certains développements exagérés, certaines hypertrophies. »

La force et la fécondité remontent au cerveau.

— L'extension des théories révolutionnaires et irréligieuses favorisera le mouvement d'émancipation par la négation de tout ordre et de toute hiérarchie, par l'abolition des idées de famille, de morale, de confiance dans une justice supérieure.

— Enfin, la propagande fera plus encore, rendant tangible le prétendu progrès.

Les féministes nous montrent déjà les *bons* résultats obtenus partout où on a laissé un peu de liberté à la femme.

En nouvelle Zélande, aux Etats-Unis, dans les Etats de Colorado et du Wyoming, elles ont le droit de suffrage parlementaire, et — ce qui est en leur faveur un merveilleux argument — elles votent toujours de préférence pour les solutions les plus radicales.

En Angleterre, depuis l'acte du 5 mars 1894, les filles, les veuves et les femmes mariées ayant une propriété personnelle peuvent voter et, dans certains cas, faire partie du Jury.

Il en est de même en Saxe.

Enfin dans le Grand-Duché de Finlande, elles sont investies du droit de suffrage admi- nistratif, et occupent des emplois dans toutes les admi publiques et privées.

Lorsqu'el ‌rcent une fonction, elles y apportent, pa‌ ‌‌t-il, plus d'attention que leurs collègues masculins, et se laissent moins im- pressionner par « les relations d'affaires et les considérations étrangères. » En outre, l'expé- rience aurait démontré que leur influence est des plus heureuses sur les élections publi- ques : les amateurs de scandale et les braillards se taisant en vertu de la plus élémentaire galanterie.

Les Socialistes-féministes font de la société nouvelle édifiée sur ces bases un tableau bien alléchant.

Je le résume d'après leurs propres textes :

— « La femme jouira d'une indépendance
« complète et ne sera plus soumise même à un
« semblant de domination et d'exploitation.

— « L'égalité dans le travail existera pour la
« collectivité, sans distinction de sexe. Chacun
« se portant garant de tous, les sentiments les
« plus élevés de la solidarité feront naître une
« féconde et *joyeuse* (!) émulation.

— « Les fonctions publiques ne seront plus
« que des postes de confiance—sans honneurs,
« ni appointements — pour lesquels on choisira
« les plus capables, hommes ou femmes, qui se-
« ront élus et remplacés suivant la volonté des
« électeurs.

— « Dans la situation actuelle, la maternité
« prend à la femme un temps considérable ;
« mais, dans l'avenir, on séparera la naissance
« des enfants *par des intervalles plus longs* !
« La famille se servira de toutes les institutions
« coopératives de logement et d'alimentation.

« Les enfants seront surveillés, nourris, édu-
« qués en dehors de la famille, — et recevront
« une éducation égale et *commune* pour les
« garçons et pour les filles.

— « La femme aura moins de soucis dans le
« ménage et s'occupera davantage du bien-être
« du peuple !

— « Elle jouira, de même que l'homme,
« d'une entière liberté dans le choix de son
« amour, et s'unira d'après sa seule inclina-
« tion. Les unions seront, comme au temps
« primitifs, un contract privé qui ne nécessi-
« tera l'intervention d'aucun fonctionnaire —
« l'être humain devant pouvoir obéir au plus
« puissant de ses instincts aussi librement qu'à
« ses autres penchants. »

Et tout s'emboîtera à merveille « puisque
les hommes et les femmes sont en nombre
égal et qu'aucun deux ne restera physiquement inoccupé ! »

Enfin, la religion disparaîtra, l'homme étant

parvenu à une telle perfection, qu'il se suffira à lui-même, absorbé dans sa propre contemplation. — « La morale, la politique, la justice seront façonnées conformément aux lois de la nature ! »

Toujours la nature et les temps de primitive sauvagerie cités comme exemple ! C'est à cela qu'on s'efforce de nous ramener.

On veut faire de nous une idôle de chair et de boue !

L'homme ne sera plus le roi de la création appliquant son lumineux génie à se rapprocher des sommets, il s'abîmera dans l'unique satisfaction de ses instincts, trouvant exquis de modeler son existence sociale et privée sur les mœurs des animaux.

Après avoir été fait à l'image de Dieu, il tient maintenant à se refaire à l'image de la bête !

Et l'on cherche à entraîner la femme dans cette lamentable chute, certain que lorsqu'en elle auront été étouffées, avec le principe d'idéal, les extrêmes pudeurs et les dernières fiertés, elle saura, à son tour, moderne Circé, corrompre dans l'homme les dernières énergies.

Toutes les idées que j'ai exposées dans ce livre protestent contre la thèse des socialistes.

Ils s'acharnent à matérialiser la femme ; — je voudrais la spiritualiser !

Ils tiennent à la démocratiser — et moi à l'individualiser !

Ils veulent civilement la baptiser citoyenne libre de son corps — et moi la sacrer souveraine, jalouse gardienne de ce corps et de sa beauté !

Certes, tout n'est pas pour le mieux dans notre monde : La femme pauvre est malheureuse !

Il faut élargir son champ d'activité, multiplier les emplois accessibles à elle seule, lui ouvrir certaines professions, augmenter sa protection et sa liberté légales, relever son sort de toutes manières — mais sans la *déféminiser* !

Elle ne doit pas déclarer la guerre à l'homme. Lui est-elle égale ou non ? Supérieure ou inférieure ? Il importe peu de discuter cette question, car on ne compare que des termes composés d'éléments de même nature.

Elle n'est pas semblable à nous, elle est *autre*, et possède toutes les qualités qui nous complètent.

L'homme est un être d'action ; elle, un être de juxtaposition.

C'est une compagne et non pas une rivale. Pourquoi la mêler aux luttes politiques, au moment où le système électoral et parlementaire s'effondre dans l'impuissance ?

Garantissons-la de ce pernicieux contact, comme de l'avilissante philosophie qui prêche le matérialisme pour aboutir à la licence universelle.

Défendons la créature de charme mystique, l'être d'amour, contre la science vaine d'une humanité qui s'auto-divinise, affolée d'orgueil devant ses infimes découvertes, et laissons une auréole à la grande consolatrice !

Qu'elle reste l'autel symbolique devant lequel on pourra s'agenouiller — sans cléricalisme ;

Qu'elle demeure la poésie vivante, le rêve toujours permis à nos âmes désemparées !

FIN

TABLE DES MATIÈRES

TYPOGRAPHIE

EDMOND MONNOYER

LE MANS (Sarthe)